まんがで知る未来への学び

これからの社会をつくる学習者たち

前田康裕［文と漫画］

さくら社

◇まえがき

本書を書こうと考えたきっかけは、二人の教え子との再会でした。

一人は、私が初任一年目の勤務校で小学校三年生を担任したときの教え子でした。ある地域づくりの集会で偶然私のとなりに座った男性がまさにその子だったのです。すでに四十歳となっており、ふるさとのまちづくりのために尽力したいという思いを語ってくれました。

もう一人は、初任四年目の二番目の勤務校で小学校の五年生を担任したときの教え子でした。彼とは熊本市内の商店街でばったりと出会ったのです。彼もまたふるさとのまちづくりのために都会から帰ってきていたのでした。

あまりの偶然に驚いた私は、じっくりと話をする機会を設けて、彼らのふるさとのまちづくりに対する熱い思いと悩みを聞くことにしました。そして、少子高齢化と人口減少によって地方が衰退していく現状に正面から取り組む彼らの姿に大きく心を動かされました。

これは単なる地方の問題ではありません。日本という国が直面している従来の社会の仕組みや人々の価値観の問題であり、教育の在り方に大きな関わりがあると私は考えたのです。

戦後の日本は物のない時代でした。だからこそ人々は、ひらすら働き、物質的な豊かさを追い求めてきました。そして、年を追うごとに経済は成長し、個人の生活は豊かで便利なものになりました。

しかし、今、急速に発達してきたテクノロジーによって、社会の仕組みも人々の価値観も大きく変化してきています。インターネットは、われわれに多くの情報をもたらし便利にしてくれましたが、一方では、個人の権利ばかりを主張し、他人を平気で非難し傷つける行為が蔓延する「生きにくい社会」になっているような気がしてなりません。

そんな中、平成二十九年三月に新しい学習指導要領が公示されました。その中核となる考え方は、「よりよい学校教育を通してよりよい社会を創る」という「社会に開かれた教育課程」です。この理念に私は大いに共感しています。そういう社会や学校の実現を心から願っています。しかし、実現するためには、学校教育現場の努力だけでは困難であり、多くの人々の理解と協力が必要だと考えています。

そこで、学習指導要領とその基となった中央教育審議会答申をベースにし、自分なりの解釈でストーリーを作り、学校関係者以外の方にも読んでいただこうと考えて書いたものが本書です。教師だけに向けた教育書とは異なり、より多くの方々に分かりやすいように教育用語の解説も加えました。職種や世代を超えて、みんなでこれからの教育について考えていくためのきっかけになれば幸いです。

各章の最後のページでは、「未来の社会を考えるビジネス書」というコラムをもうけました。きっと、これからの自分の人生や未来の社会を考えるきっかけになると思います。

前田康裕

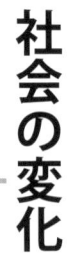

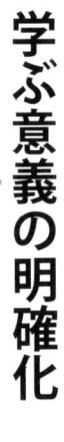

第6章 学習者の視点

第7章 学習評価の充実

第8章

問題発見・解決能力

第1章

部活動と教育課程

教育課程とは何か

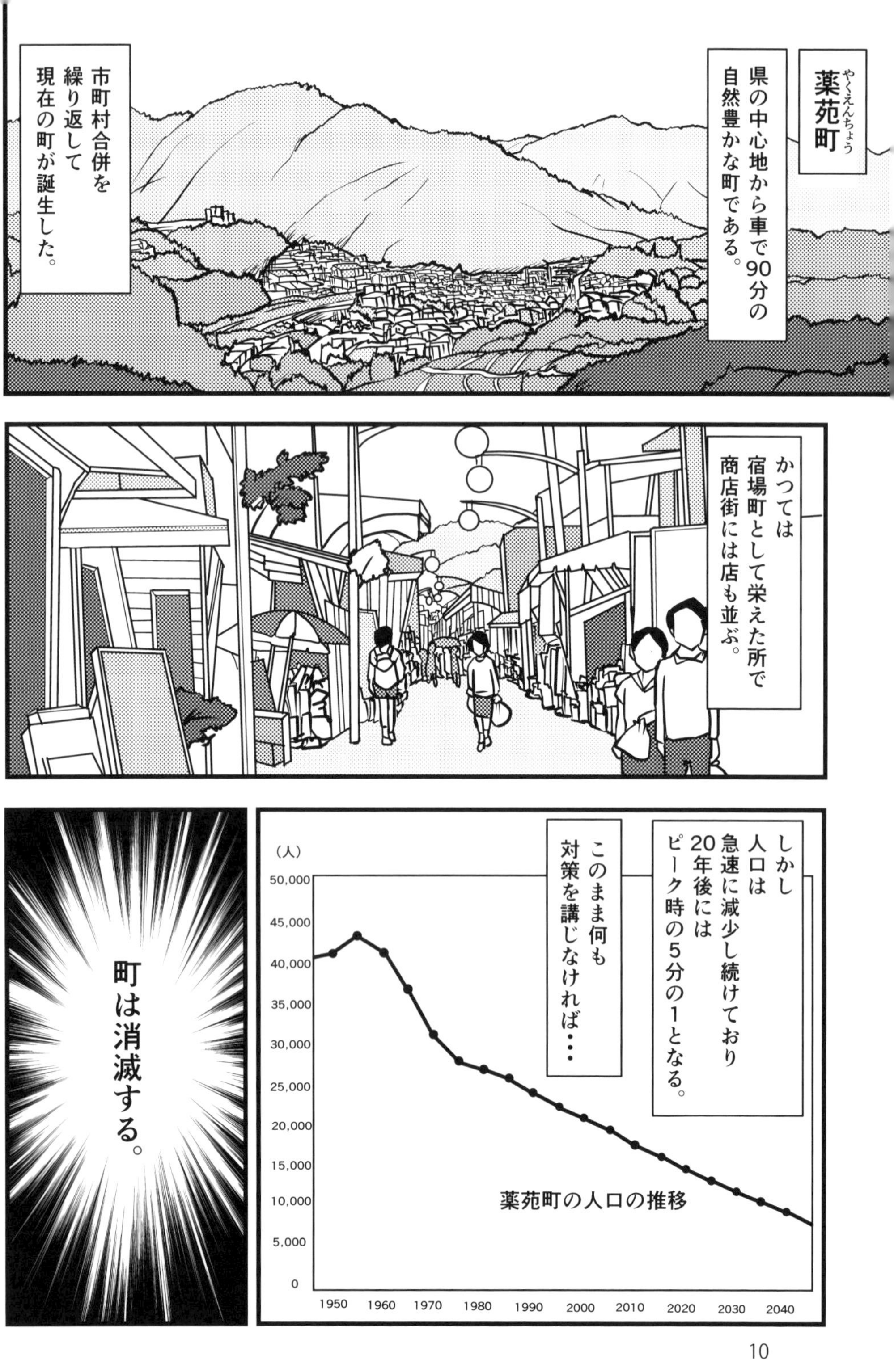
薬苑町《やくえんちょう》
県の中心地から車で90分の自然豊かな町である。
市町村合併を繰り返して現在の町が誕生した。
かつては宿場町として栄えた所で商店街には店も並ぶ。
しかし人口は急速に減少し続けており20年後にはピーク時の5分の1となる。
このまま何も対策を講じなければ・・・
（人）
50,000
45,000
40,000
35,000
30,000
25,000
20,000
15,000
10,000
5,000
0
1950 1960 1970 1980 1990 2000 2010 2020 2030 2040
薬苑町の人口の推移
町は消滅する。

薬苑町立
薬苑中学校
バン
バン
キュッ
キュッ
声出していくよ！
はいっ！
はいっ！
キュ
キュ
キュ
キュ
美術教師　２年１組担任
女子バスケットボール部　副顧問
桜山 さやか(32)

よーし
集合！
県大会まで
あと二週間！
気合い入れて
いくぞ！
国語教師　２年２組担任
女子バスケットボール部　顧問
竜南《りゅうなん》 勝郎《かつろう》(40)
今年は
ベスト8が
目標だ！
はい！
今から
２チームに
分かれて
試合を行う
またか・・・
もう６時すぎてるんだけど・・・

まだやってるよバスケ部
雨がふりそうだから早く帰ろうぜ
竜南先生はバスケ経験者だから指導もできるけど・・・
わたしは全くの初心者・・・
そこすぐにディフェンス!
でも・・・
シュート!
子どもたちはがんばってる
わたしもがんばらなくちゃ・・・

あー
もう7時に
なっちゃった
明日の授業の
準備しなきゃ
桜山先生
は・・・はい
おつかれのところ
すみません
お待ちして
おりました
あっ
印手さん
また
生徒への
ポスター制作の
依頼かなあ
薬苑町　女性部長
印手《いんて》 理佳子《りかこ》(74)
毎年
お願いしている
町の夏祭りの
ポスター
今年も
生徒さんに
お願いできる
かしら?
ええ
希望する生徒を探して
頼んでみます
宿題になりますけど
夏祭りも
参加者が
だんだん少なく
なっていて・・・
昔は人であふれて
いたんですけどね・・・

※　学校が小規模になれば教員の数も少なくなる。ある教科を担当する教師がいない場合、１年間に限って他教科の教員が免許外の教科を担当する（免許外教科担任制度）。

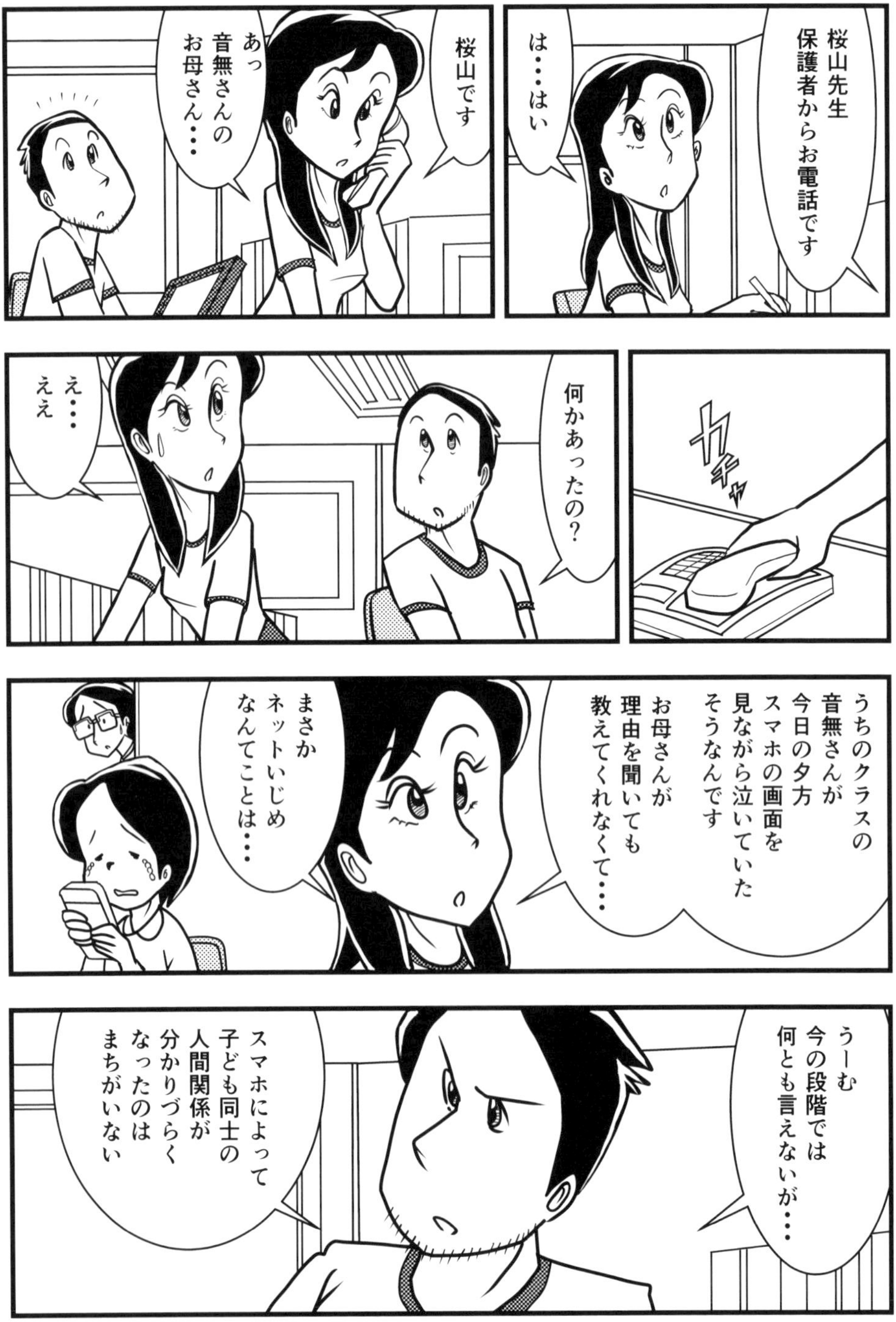

桜山先生 保護者からお電話です
は…はい
桜山です
あっ 音無さんの お母さん…
カチャ
何かあったの?
え… ええ
うちのクラスの 音無さんが 今日の夕方 スマホの画面を 見ながら泣いていた そうなんです
お母さんが 理由を聞いても 教えてくれなくて…
まさか ネットいじめ なんてことは…
うーむ 今の段階では 何とも言えないが…
スマホによって 子ども同士の 人間関係が 分かりづらく なったのは まちがいない

たとえ学校外で
起こったことでも
学校の人間関係に
よるものであれば
学校の責任が問われる・・・
ネットいじめで中学生自殺
ネットで悪口　頻繁に
SNSで仲間外し
スマホでの
スマホを買い与えたのは
保護者なのに・・・
明日
音無さんに
話を聞いてみよう
チラッ
全く
スマホは便利なんだか
不便なんだか・・・
やべっ！
家内から
メッセージが来てた！
子どもが
熱出したみたい・・・
じゃ
お先に・・・
お・・・
おつかれ
さまでした
心配する
家族が
いるって
なんだか
うらやましいなあ

ザァァァ
ただいま
香織は大丈夫か？
おそくなってすまない 部活が忙しくて スマホに気づかなくて
おかえりなさい
今ねたところよ
妻 小学校教師
竜南《りゅうなん》 美保《みほ》（36）
学校から電話があって…40度まで熱が出たって
いそいで地域医療センターにつれていきました
今日の午後はわたしの研究授業だったの…
急きょ中止してもらったわ
あなたに何度も電話してメッセージも送ったんだけど…

…
あなたは いつも よその子どもの お世話ばかり…
いつになったら…
自分の 子どものことを 見てくれるの?
ザァァァァ

ザアーアーアー
どしゃぶりになっちゃった…
今日も10時か…
日本の少子高齢化の問題は深刻で…
ピ
ミサキからだ!
家族でハワイに行ったんだ!
いいなあ幸せそう…

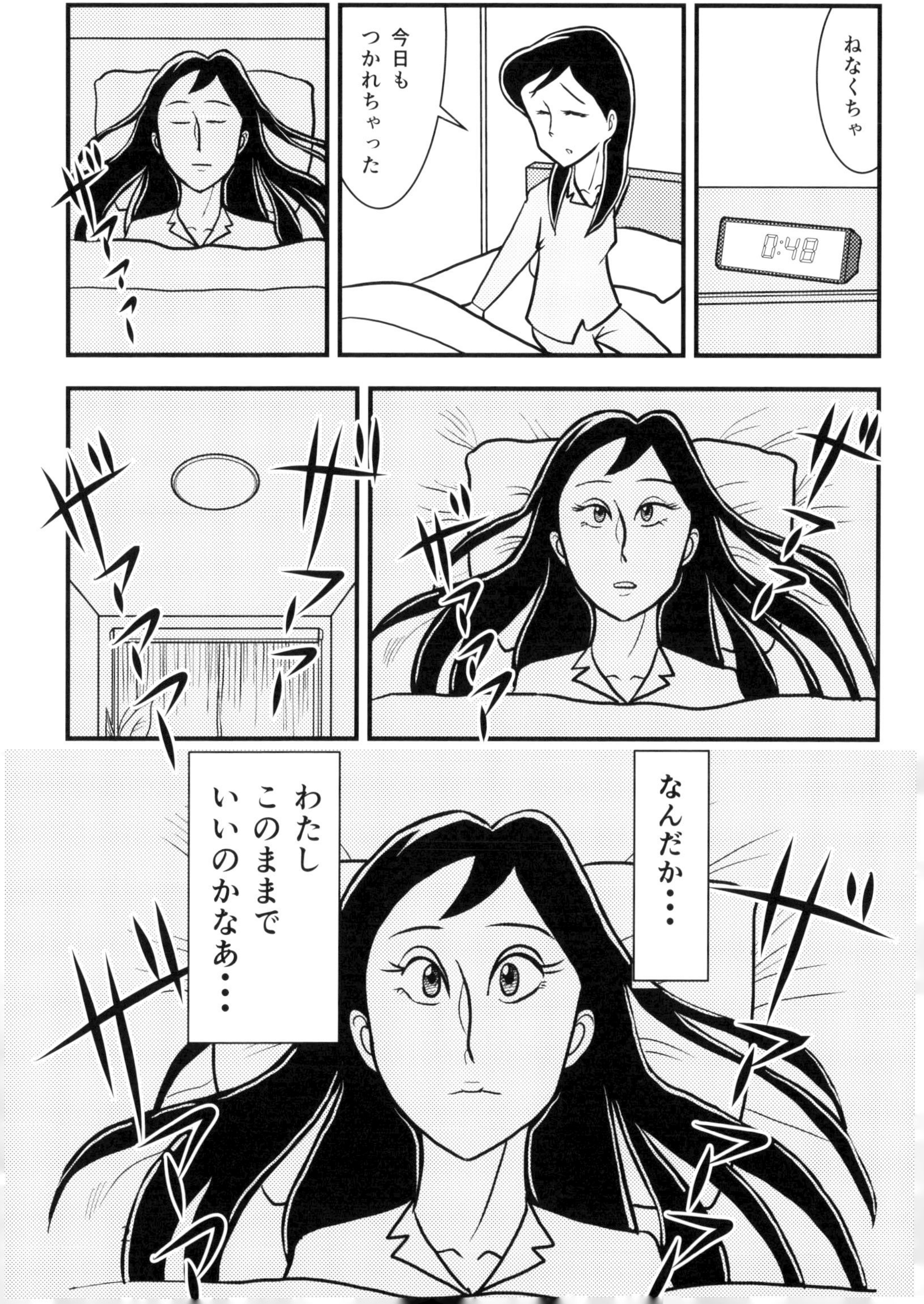

ねなくちゃ
0:48
今日も
つかれちゃった
ザァァァ
ザァァァ
ザァァァ
なんだか・・・
わたし
このままで
いいのかなあ・・・
ザァァァ

今朝は臨時職員朝会を行います
おはようございます
先日お話したように
今日から白川大学教職大学院の大学院生が本校に来られます
校長
小田《おだ》 矢香奈《やかな》(53)
教育実習ではなく学校の現場から課題を見つけて
実践的な研究を行うことが目的です
宿題のチェックや掲示物の貼り替えといった日常的な業務も経験させてほしいとのことです
二年生の先生方におまかせします
スタッフが一人増えたと思ってください
では自己紹介を
はい

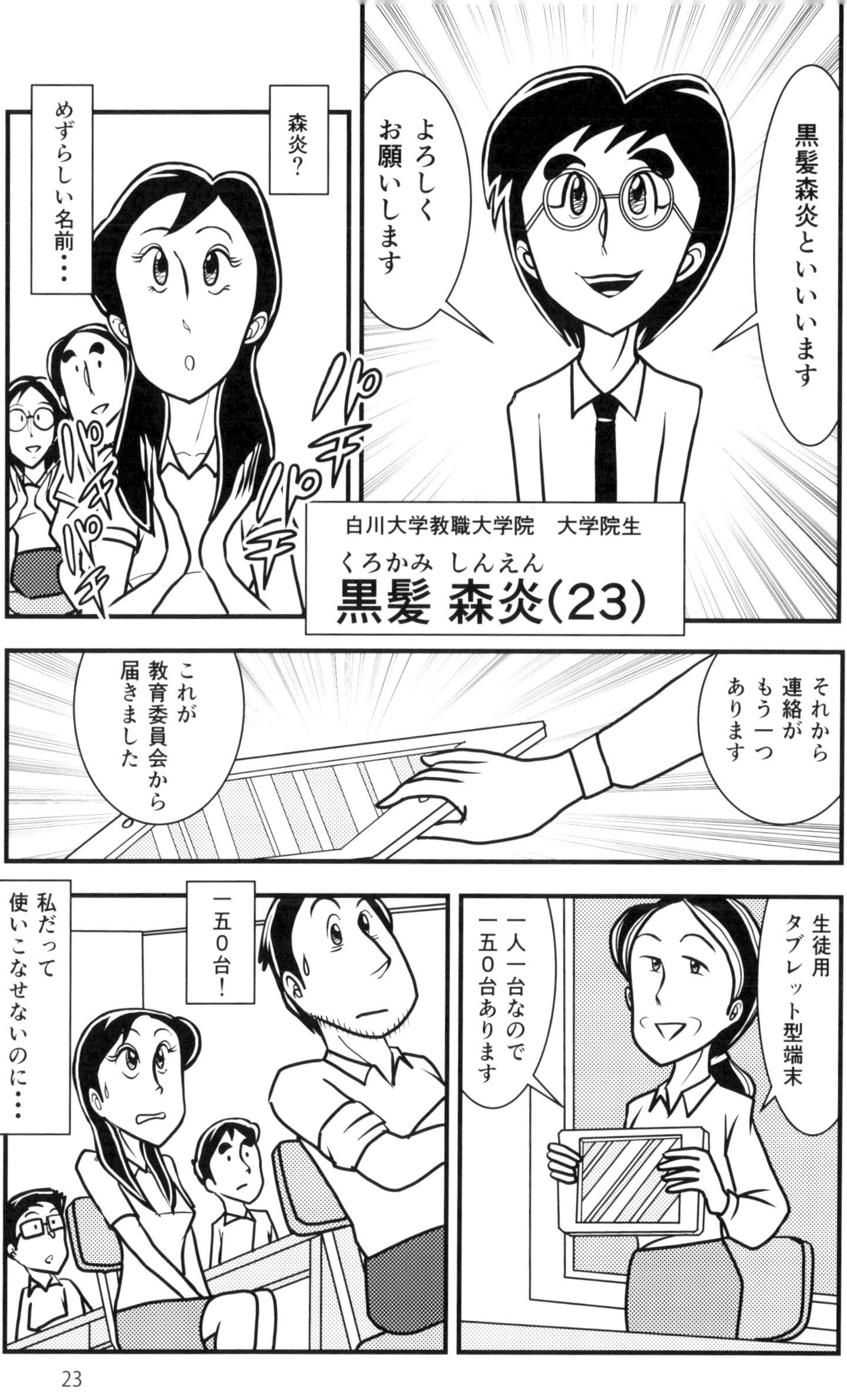
黒髪森炎といいいいます
よろしくお願いします
白川大学教職大学院　大学院生
黒髪《くろかみ》 森炎《しんえん》(23)
森炎?
めずらしい名前・・・
パチパチ
パチパチ
それから連絡がもう一つあります
これが教育委員会から届きました
生徒用タブレット型端末
一人一台なので一五〇台あります
一五〇台!
私だって使いこなせないのに・・・

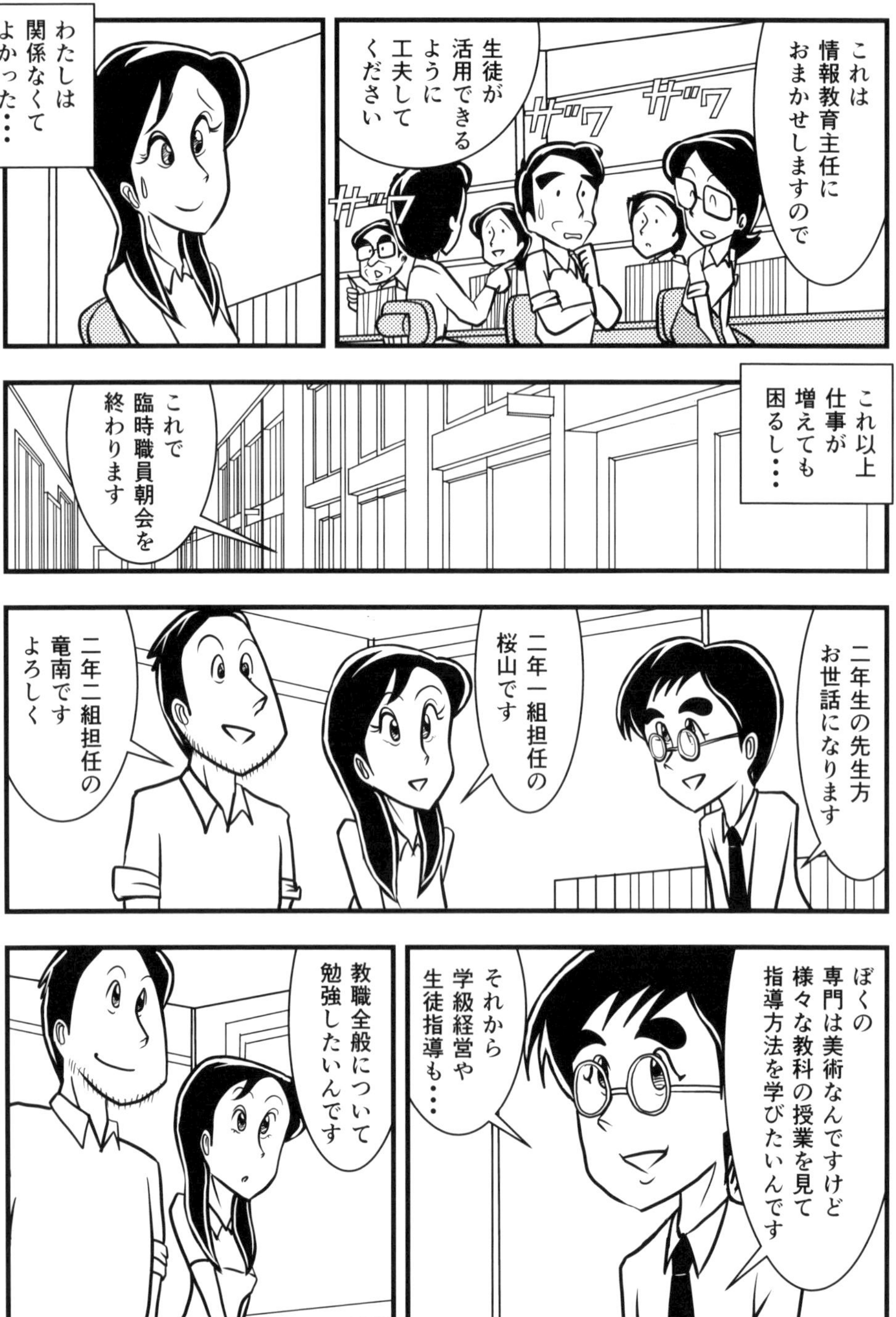

これは情報教育主任におまかせしますので
ザワ
ザワ
ザワ
生徒が活用できるように工夫してください
わたしは関係なくてよかった・・・
これ以上仕事が増えても困るし・・・
これで臨時職員朝会を終わります
二年生の先生方お世話になります
二年一組担任の桜山です
二年二組担任の竜南ですよろしく
ぼくの専門は美術なんですけど様々な教科の授業を見て指導方法を学びたいんです
それから学級経営や生徒指導も・・・
教職全般について勉強したいんです

えらいわねえ 大学卒業しても 勉強するなんて
私は すぐに教師に なっちゃったから
あ・・・ いや・・・・ 本当は
すぐに教師になる 自信がなかったんです
だって
今の学校って・・・・
ブラックなんですよね?

解説1

部活動と教育課程

まんがの中で竜南先生は、勝利のために部活動終了予定時刻を過ぎても練習を続けます。また、桜山先生は、子どもたちのためにと自分に鞭打ってがんばり続けます。

竜南先生は経験者ゆえに指導に自信があり、勝利できたときの喜びを味わわせたいという思いがあるのでしょう。しかし、部員の中には定時に帰宅し、自分の時間を過ごしたい子どももいるはずです。また、予定時刻を過ぎてもなかなか帰ってこない我が子を心配している保護者もいるでしょう。しかも、竜南先生は自分の家族をなおざりにしています。このように教師が自分の価値観を盲信するあまり、他者を犠牲にしていることはあるのではないでしょうか。

一方、桜山先生は全くの未経験者。部活動の担当者が割り振られるために、自分を犠牲にして指導している状態です。筑波大学の研究チームが平成29年に報告した資料※によると、担当する部活動に必要な技能を備えていない場合、メンタルヘルス（心の健康）が不良となる傾向が出ています。また、男性教師に比べて女性教師のほうがメンタルヘルスの状態が悪いという結果も出ています。桜山先生のような未経験者が運動部活動を指導することは大きなストレスとなっているのです。

※　筑波大学「教員勤務実態委託事業【メンタルヘルス】研究チーム」「学校における働き方改革特別部会発表資料」平成29年

◉教育課程とは何か

学校には教育課程というものがあります。それは、各学校が行わなくてはならない学習内容とその計画を指します。学校教育法施行規則には次のように書かれています。

第七十二条　中学校の教育課程は、国語、社会、数学、理科、音楽、美術、保健体育、技術・家庭及び外国語の各教科（以下本章及び第七章中「各教科」という。）、道徳、総合的な学習の時間並びに特別活動によつて編成するものとする。

つまり、部活動は本来、教育課程外の「生徒の自主的な活動」として位置づけられるものです。それが、全国を頂点とした大会などを目指し勝敗を競うようになり次第にエスカレートしていったのです。また、怪我がおきた時の学校の責任が問われるようになり、多くの教師が何らかの形で担当しなくてはならなくなっています。これが教師の長時間労働の原因ともなり、社会問題化しているのです。

時代が変われば、教育課程も変わります。総合的な学習の時間やＩＣＴ教育など、新しい教育が次々と盛り込まれています。教師には、そうした新しい教育課程に対応するための知識や技能を習得する時間が必要です。部活動を否定するつもりはありませんが、教育課程よりも部活動が優先される状態では本末転倒と言わざるを得ないのです。

GIVE & TAKE
「与える人」こそ成功する時代

アダム・グラント
（楠木健監訳、三笠書房）

全米トップクラスのビジネススクール「ペンシルバニア大学ウォートン校」の教授であり心理学者であるアダム・グラントがビジネスで成功する秘訣を書いた本です。

グラントは人間を、ギバー（人に惜しみなく与える人）、テイカー（真っ先に自分の利益を優先させる人）、マッチャー（損得のバランスを考える人）の３タイプに分け、成功するのはギバーだと主張します。なぜならば、ギバーは「自己犠牲」ではなく、みんなの幸せのために高い成果を出すことを目的とする「他者志向性」があるからだと説きます。ギバーは自分にとっても意義のあることや自分が楽しめることをみんなのために行うことができるので、他者から感謝され成功につながるというわけです。

組織や他者のために自分を犠牲にすることが美徳だと考えがちな日本人には極めて有効な示唆を与えてくれる本だと言えましょう。

第2章

学習指導要領

社会に開かれた教育課程

2年1組　生徒
音無《おとなし》 静香《しずか》(14)
静香!
おっはよー!
2年1組　生徒
優藤《ゆうとう》 秀美《ひでみ》(14)
どうした! 元気ないぞ!

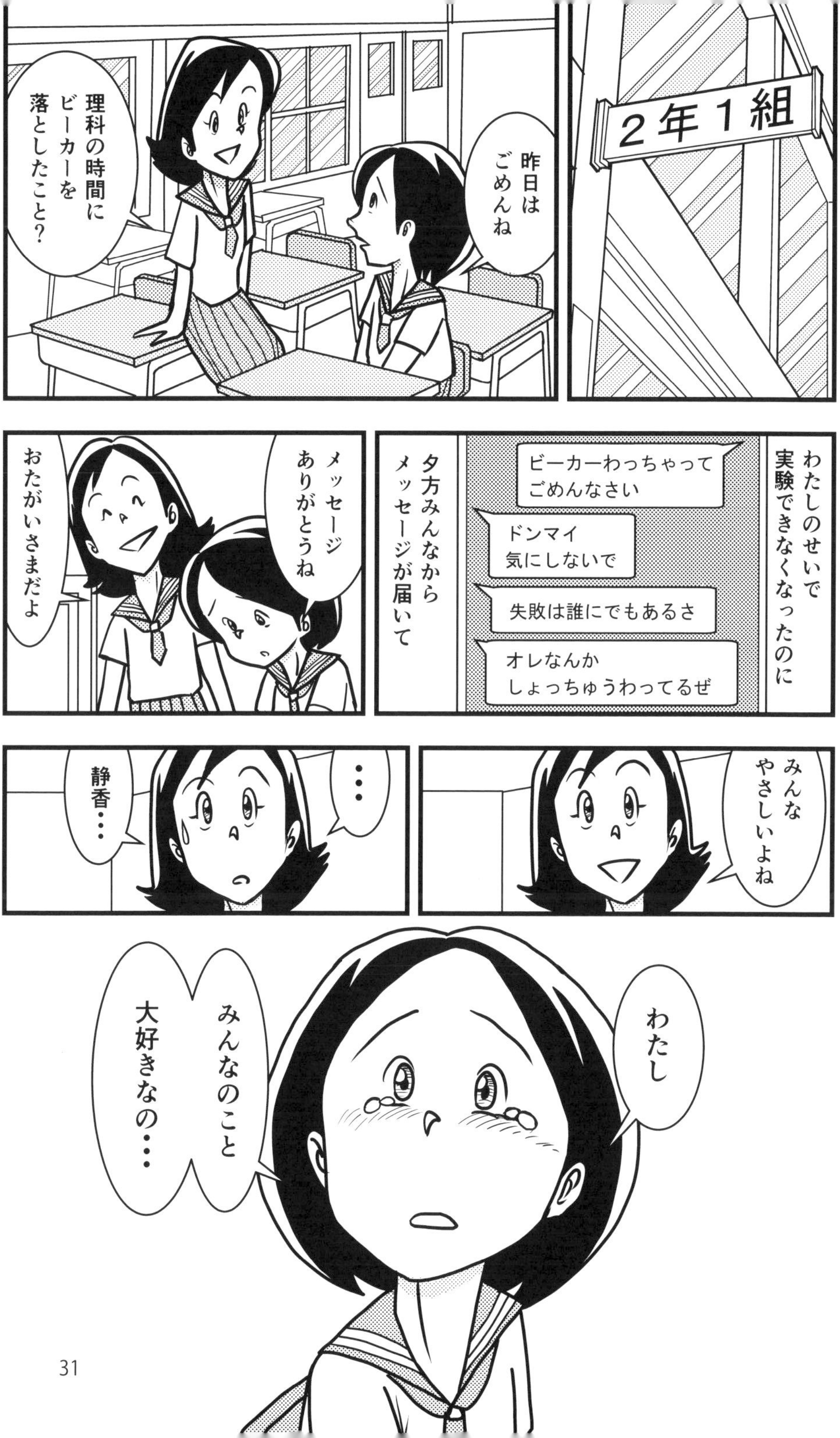

2年1組
昨日は ごめんね
理科の時間に ビーカーを 落としたこと?
わたしのせいで 実験できなくなったのに
ビーカーわっちゃって ごめんなさい
ドンマイ 気にしないで
失敗は誰にでもあるさ
オレなんか しょっちゅうわってるぜ
夕方みんなから メッセージが届いて
メッセージ ありがとうね
おたがいさまだよ
みんな やさしいよね
・・・
静香・・・
わたし
みんなのこと 大好きなの・・・

おはようございます
今日から大学院の学生さんが研究のために来られます
白川大学の教職大学院からやってきました
黒髪森炎といいます
専門は美術教育ですがそれ以外のことも
みなさんと一緒に学んでいきたいと思っています
よろしくお願いします
パチパチ
パチパチ
パチパチ
パチパチ
音無さん・・・大丈夫かな？
パチパチ
パチパチ

美術室
今日は写生の続きです
来週いっぱいまでに完成させてください
ここは絵の具を置くようにするといいわ
授業は楽しい生徒の個性が作品になって表れるから
でもそうじゃないときもある
あれ?
奈毛君
手が止まってるよ
もうできたので・・・
2年1組 生徒
奈毛《なげ》 槍男《やりお》(14)
えーっ?
まだ十分に色もぬってないでしょ
もういいっしょ?
どーせオレ絵は下手だし

これでは完成とは言えないわよ
もうちょっとがんばろうよ
オレさあ・・・
将来プログラマーになりたいから絵は下手でもいいっしょ？
でもそんな作品だったら点数はあげられないなあ
絵画コンクール入賞作品
はいはい
てきとーにぬっちゃえ
へへへ
桜山先生
はい？
どうしたらコンクールに入賞できますか？
2年1組　生徒
爪込《つめこみ》 勉《つとむ》(14)

絵画コンクール入賞作品
コンクールに入賞すると点数がよくなりますよね？
えっ？ ま…まあ それはそうだけど…
爪込君は高校入試で〝御三家〟をねらってるもんね
本番の点数だけじゃなくて
内申点も上げなくちゃ
…
でもさあ もっと表現を楽しんだ方がいいよ
美術の時間だからね
それは優藤さんのように絵が上手な人だから言えることさ
ぼくにとって表現なんて興味ないから

カウンセリング室
音無さん ごめんね 昼休みに 呼び出し たりして・・・
いいえ
ちょっと 気になることが あって・・・
最近 友達のことで 悩んでいる ことって ない？
まったく ありません
実は・・・
きみのお母さんから 電話があってね
きみがスマホを 見ながら 泣いてたって・・・
そのこと ですか・・・

実はおとといの夜聞いてしまったんです両親が相談しているところを
今月も赤字だ
本屋だけでは食べていけないわ
うちは商店街で本屋をやっているんですけどネットで本を買う人が増えしかも町の人口も減っているので赤字が続いているんです
いっそ店をたたんで中心地に引っ越したらどうかしら
う…ううむ
母のパートの収入でなんとかやりくりしているようなんですけど…このままでは引っ越すことになりそうなんです
友達はみんなみんなやさしいです
わたしが失敗して落ち込んでいたらみんながはげましのメッセージをくれました
そしたらうれしくなって涙が出てきて…
わたしはこの町を離れたくないんです

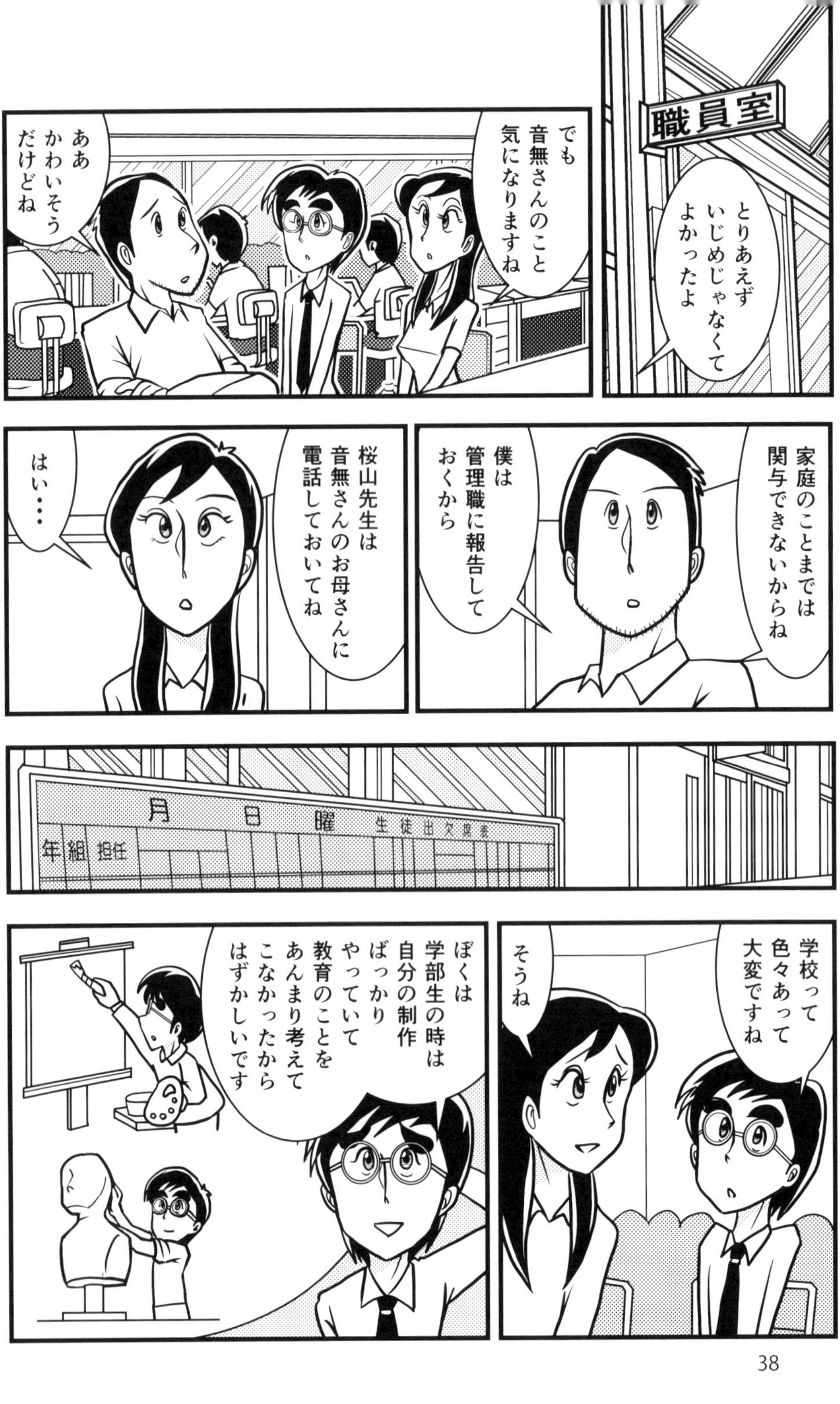
職員室
とりあえず いじめじゃなくて よかったよ
でも 音無さんのこと 気になりますね
ああ かわいそう だけどね
家庭のことまでは 関与できないからね
僕は 管理職に報告して おくから
桜山先生は 音無さんのお母さんに 電話しておいてね
はい・・・
月 日 曜 生徒出欠席表
年 組 担任
学校って 色々あって 大変ですね
そうね
ぼくは 学部生の時は 自分の制作 ばっかり やっていて 教育のことを あんまり考えて こなかったから はずかしいです

わたしだって今日の美術の授業ひどかったでしょ?
奈毛君も爪込君も全然やる気ないし・・・はずかしい授業でごめんね
とんでもないすごく勉強になります
今学校の先生方の間ではどんなことが話題になっているんですか?
そうねえ「主体的・対話的で深い学び」がキーワードかな
主体的・対話的で深い学び
学習指導要領の目玉になってるの
なぜ「主体的・対話的で深い学び」なんですか?
えっ?
なぜって?

森炎くんの質問は
ストレートなだけに
適当な答えは
返せないわ
学習指導要領
文部科学省が、学校教育法施行規則に基づき、学校の教育課程の基準として公示するもの。※
中学校学習指導要領解説
総則編
平成29年7月
文部科学省
教育課程審議会の答申を受けて、小学校、中学校、高等学校別に作成される。日本の教科書は学習指導要領に準拠して編集される。
学習指導要領は一九四七年に試案が作成されて以来、ほぼ10年に一度の割合で改訂が行われる。
解説の総則編から
読むのは
はじめてだなあ
自分の教科しか
読んでなかったから
第1章
総説
わたしも
勉強しなきゃ

※教育課程：学校の教育計画。各学校が創意工夫をこらして編成する。

「今の子供たちや
これから誕生する子供たちが、
成人して社会で活躍する頃
には」
「我が国は
厳しい挑戦の時代を
迎えていると予想される。」

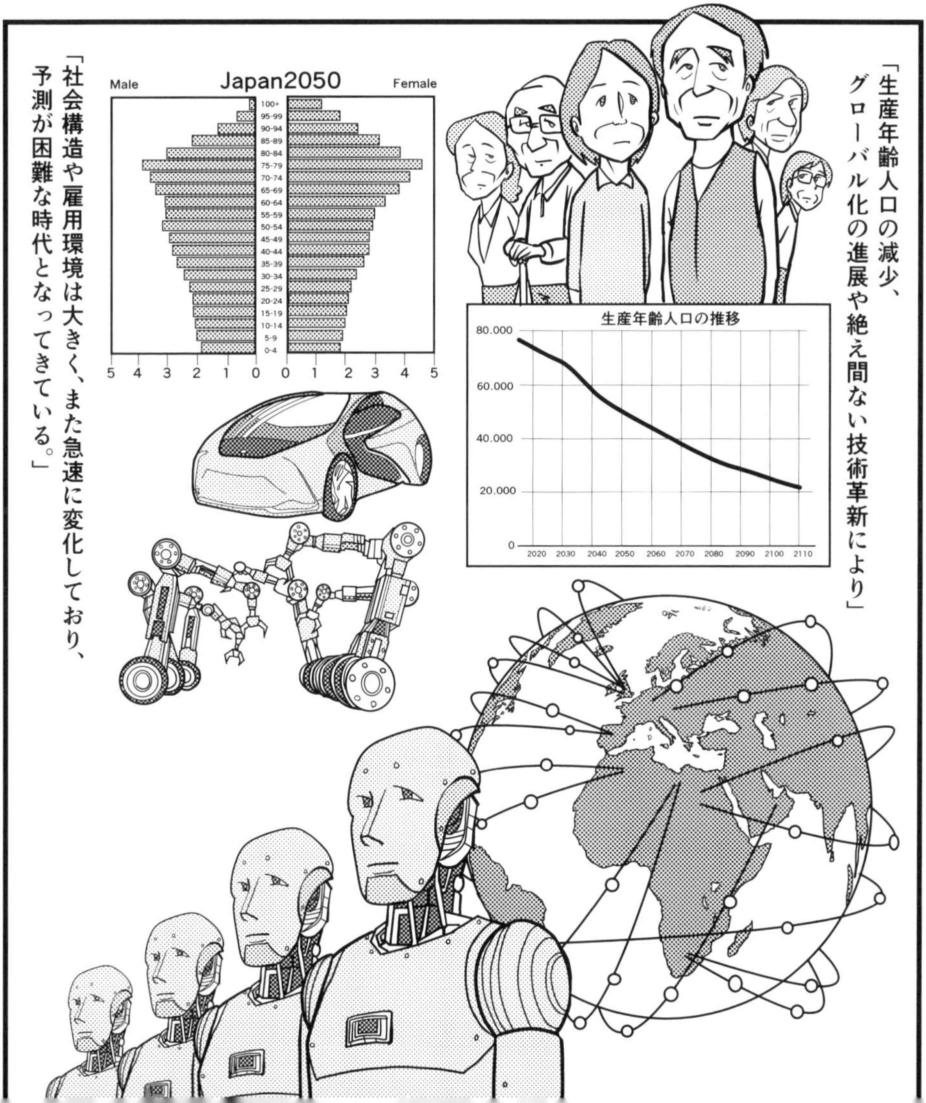
「生産年齢人口の減少、
グローバル化の進展や絶え間ない技術革新により」
生産年齢人口の推移
80.000
60.000
40.000
20.000
0
2020 2030 2040 2050 2060 2070 2080 2090 2100 2110
Male
Japan2050
Female
100+
95-99
90-94
85-89
80-84
75-79
70-74
65-69
60-64
55-59
50-54
45-49
40-44
35-39
30-34
25-29
20-24
15-19
10-14
5-9
0-4
5 4 3 2 1 0 0 1 2 3 4 5
「社会構造や雇用環境は大きく、また急速に変化しており、
予測が困難な時代となってきている。」

「また、急激な少子高齢化が進む中で
成熟社会を迎えた我が国にあっては、」
持続可能な社会
「一人一人が持続可能な社会の担い手として
その多様性を原動力とし、質的な豊かさを
伴った個人と社会の成長につながる新たな価値を
生み出していくことが期待される」
多様性

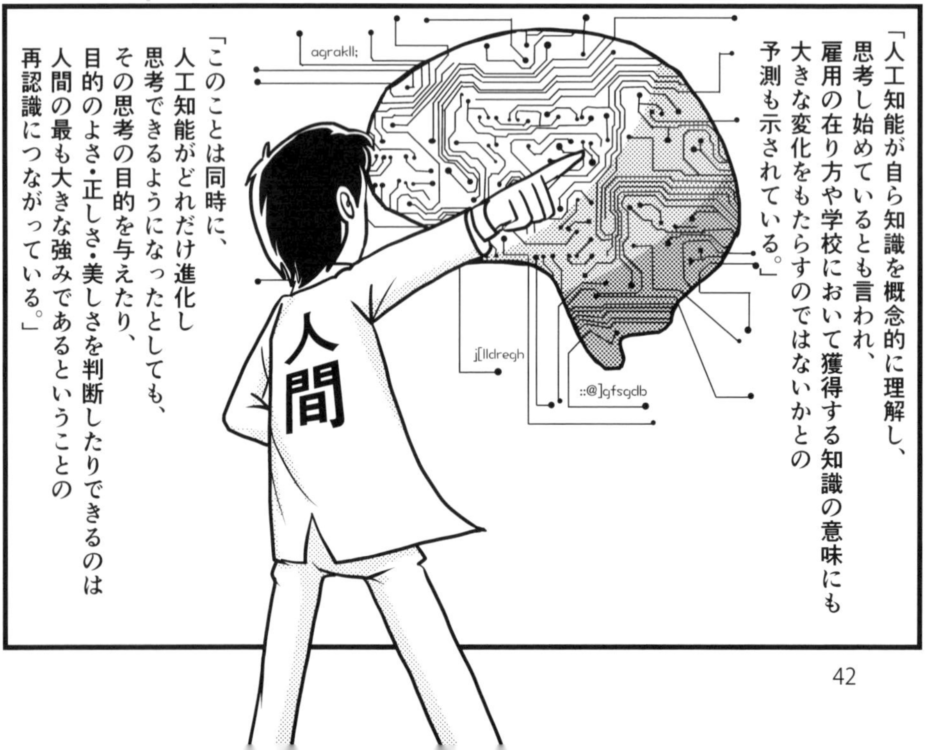
「人工知能が自ら知識を概念的に理解し、
思考し始めているとも言われ、
雇用の在り方や学校において獲得する知識の意味にも
大きな変化をもたらすのではないかとの
予測も示されている。」
agrakll;
j[lldregh
::@]gfsgdb
人間
「このことは同時に、
人工知能がどれだけ進化し
思考できるようになったとしても、
その思考の目的を与えたり、
目的のよさ・正しさ・美しさを判断したりできるのは
人間の最も大きな強みであるということの
再認識につながっている。」

「また、
子供たちを取り巻く
環境の変化により
学校が掲げる課題も
複雑化・困難化する中で、」
地球温暖化
エネルギー問題
情報化
福祉
自然災害
グローバル化
環境問題
少子高齢化
過疎化
学校
もう
これ以上はムリ
「これまでどおり
学校の工夫だけに
その実現を委ねることは
困難になってきている。」

よりよい学校教育を通じて、よりよい社会を創る
「中央教育審議会答申においては、
〝よりよい学校教育を通じて、よりよい社会を創る〟という
目標を学校と社会が共有し、連携・協働しながら、」
社会
学校
連携・協働
新しい時代に求められる
資質・能力
社会に開かれた教育課程
学校＋家庭＋地域
「新しい時代に求められる資質・能力を育む
『社会に開かれた教育課程』の実現を目指し、・・・」

新しい時代に求められる資質・能力を子供たちに育む
社会に開かれた教育課程の実現？
学校と社会が連携・協働するってどういうこと？
社会
学校
連携・協働
新しい時代に求められる資質・能力って何？
新しい時代に求められる
資質・能力
社会に開かれた教育課程
どんな教育が求められているの？

職員室
おはようございます!
ガラ
バスケ部の朝練に行って…・
竜南先生!
ガラ
この通達が
教育委員会から来てました
教頭
木鞠《きまり》 守朗《まもろう》(52)
部活動についてです
一日の練習時間は二時間までとなります
・・・

解説2

学習指導要領

まんがの中で桜山先生は、森炎くんに質問されて学習指導要領を読むことになります。その「学習指導要領」とは何でしょうか。

文部科学省は、全国のどの地域で教育を受けても、一定の水準の教育を受けられるようにするため、各学校で教育課程を編成するための基準を定めています。これを学習指導要領といいます。学習指導要領には、小学校、中学校、高等学校等ごとに、それぞれの教科等の目標や大まかな教育内容が定められています。各学校では、この学習指導要領の内容を踏まえ、地域や学校の実態に応じて教育課程を編成することになります。（文部科学省のホームページからダウンロードすることができます。）

学習指導要領は、中央教育審議会という文部科学省内に設置されている審議会の意見に基づいて作成され、新しい教育の方向性や内容を示すものとなります。これによって学校は教育活動を行い、教科書会社は教科書を作成していくことになります。特に、学習指導要領解説の総則編には、新しい時代に必要な教育理念について書かれています。このように重要な位置づけとされる学習指導要領を、教師は、熟読する必要があるのですが、教師によって温度差があるのが現状ではないでしょうか。

◉ 社会に開かれた教育課程

最近、新しい授業の在り方として「アクティブ・ラーニング」という言葉が流行りました。教育現場だけではなく、一般社会にも広がった言葉でしたが、分かりにくいという指摘もあり、現在は「主体的・対話的で深い学び」という言葉に代わっています。したがって、この「主体的・対話的で深い学び」による授業改善を研究テーマにしている学校もあります。しかし、これはあくまでも教育の方法の話であり、そもそもどのような教育が必要なのかという理念の話ではありません。新学習指導要領の中心となる理念は、次に示すような「社会に開かれた教育課程」の実現なのです。※

1　社会や世界の状況を幅広く視野に入れ、よりよい学校教育を通じてよりよい社会を創るという目標を持ち、教育課程を介してその目標を社会と共有していくこと

2　これからの社会を創り出していく子供たちが、社会や世界に向き合い関わり合い、自らの人生を切り拓いていくために求められる資質・能力とは何かを、教育課程において明確化し育んでいくこと

3　教育課程の実施に当たって、地域の人的・物的資源を活用したり、放課後や土曜日等を活用した社会教育との連携を図ったりし、学校教育を学校内に閉じずに、その目指すところを社会と共有・連携しながら実現させること

※　中央審議会教育課程部会「次期学習指導要領等に向けたこれまでの審議のまとめ」平成28年、17ページ

FUTURE INTELLIGENCE

これからの時代に求められる「クリエイティブ思考」が身につく10の習慣

スコット・バリー・カウフマン、キャロリン・グレゴワール

（野中香方子訳、大和書房）

知性と創造性を専門とする心理学者のスコット・バリー・カウフマンと「ハフィントンポスト」のシニアライターであるキャロリン・グレゴワールが、これからの時代に求められる知性である「クリエイティブ思考」について書いた本です。

著者は「遊び」「情熱」「夢想」「孤独」「直感」「好奇心」「瞑想」「繊細」「逆境」「異端」という10の習慣を掲げて、これらを取り入れることでクリエイティブ思考は促されると説きます。つまり、クリエイティブ思考は、特別な才能に恵まれた人だけのものではなく、誰もが磨いて創造的な人生を歩むことができるというわけです。

本書には教育についても多く書かれています。「標準テストによる学力評価は、内因性の情熱を犠牲にして外因性の動機を高めるだけだ」という言葉は重要な示唆を与えてくれます。今後の教育を考えていく上でも参考になる本だと言えましょう。

第3章

新しい時代に求められる資質・能力

学習の基盤となる資質・能力

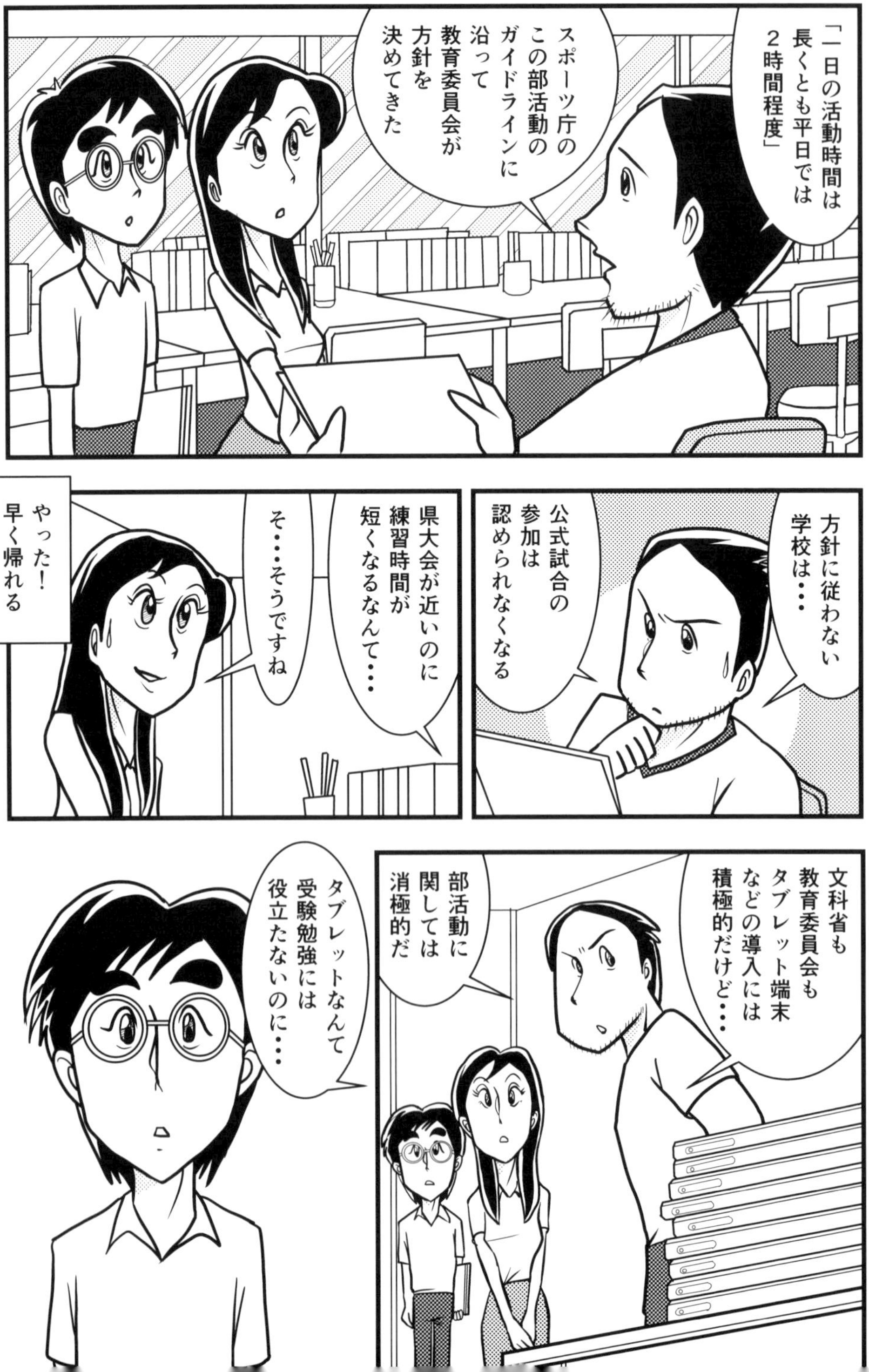
「一日の活動時間は長くとも平日では2時間程度」
スポーツ庁のこの部活動のガイドラインに沿って教育委員会が方針を決めてきた
方針に従わない学校は・・・
公式試合の参加は認められなくなる
県大会が近いのに練習時間が短くなるなんて・・・
そ・・・そうですね
やった！早く帰れる
文科省も教育委員会もタブレット端末などの導入には積極的だけど・・・
部活動に関しては消極的だ
タブレットなんて受験勉強には役立たないのに・・・

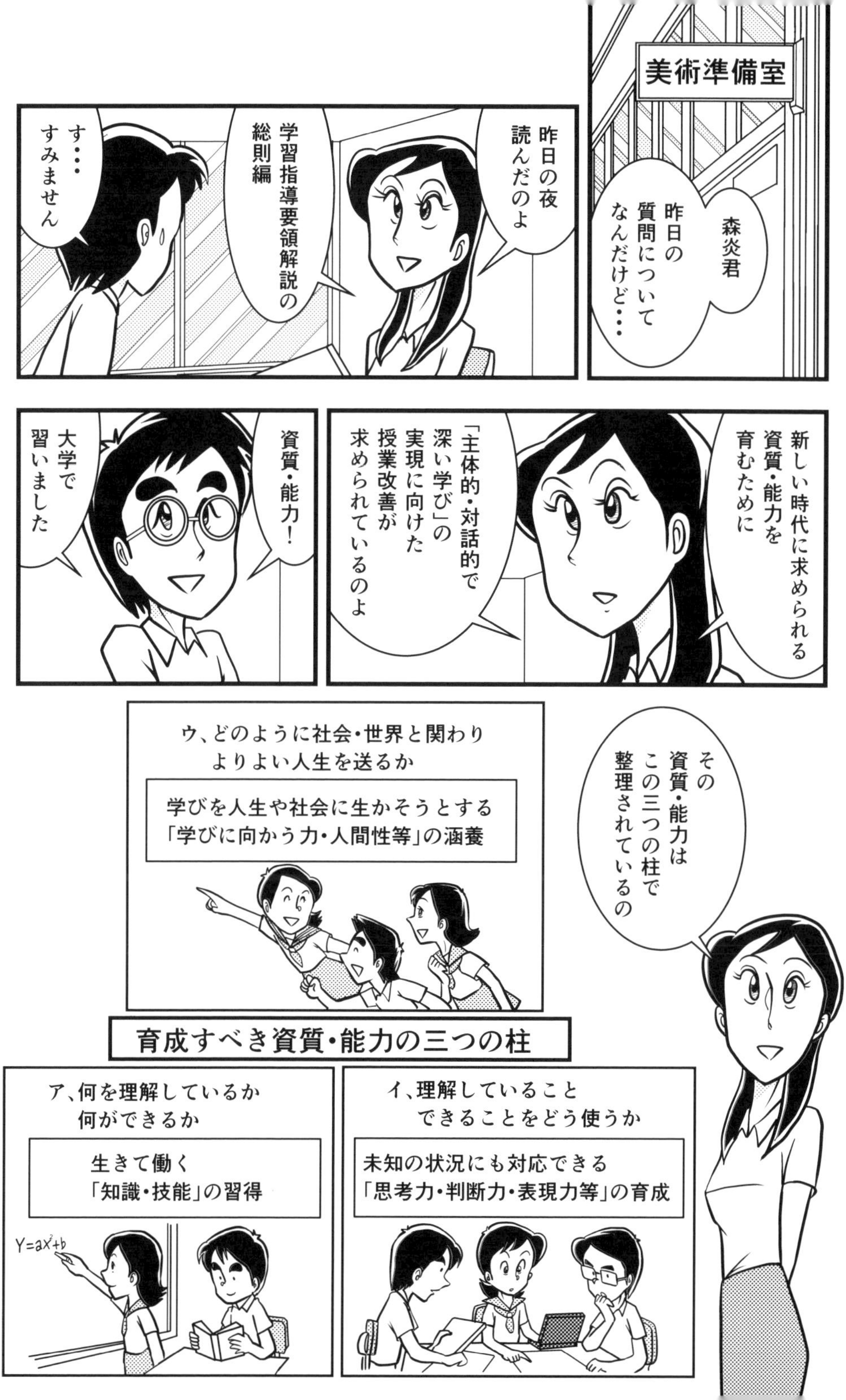
美術準備室
森炎君
昨日の質問についてなんだけど・・・
昨日の夜読んだのよ
学習指導要領解説の総則編
す・・・すみません
新しい時代に求められる資質・能力を育むために
「主体的・対話的で深い学び」の実現に向けた授業改善が求められているのよ
資質・能力!
大学で習いました
その資質・能力はこの三つの柱で整理されているの
ウ、どのように社会・世界と関わりよりよい人生を送るか
学びを人生や社会に生かそうとする「学びに向かう力・人間性等」の涵養
育成すべき資質・能力の三つの柱
ア、何を理解しているか何ができるか
生きて働く「知識・技能」の習得
Y=ax²+b
イ、理解していることできることをどう使うか
未知の状況にも対応できる「思考力・判断力・表現力等」の育成

今までは学問の体系によって作られた「教科等」の力をつければよかったけど
国語 社会 数学 理科 音楽 美術 保体 技家 外国 道徳 総合 特活
変化の激しい社会ではもっと汎用的な能力が求められるようになってきているの
現実の問題
現実の問題に対して力を合わせて解決できる力よ
そうした力は教科等を超えた横断的な視点で育成されるものなのたとえば・・・
言語能力
情報活用能力
問題発見・解決能力
現代的な諸課題に対応して求められる資質・能力
国語 社会 数学 理科 音楽 美術 保体 技家 外国 道徳 総合 特活

学習の基盤となる資質・能力
新たな知識を得たり
自分の考えをまとめたり
他者の思いを
受け止めながら
自分の思いを伝えたり
目的を共有して
協働したりするための
言語能力
物事から
問題を見いだし
解決方法を探して
計画を立て実行し
振り返って
次の問題・発見に
つなげていくための
問題発見・解決能力
情報手段を適切に用いて
情報を得たり
情報を整理・比較したり
得られた情報を分かりやすく
発信・伝達するための
情報活用能力
問題

豊かな人生の実現や
災害等を乗り越えて
健康・安全・食
主権者
新たな価値
豊かなスポーツライフ
自然災害
地方創生
自然環境
エネルギー
次代の社会を
形成することに向けた
現代的な諸課題に対応して
求められる資質・能力

だから
タブレット端末が
必要なんですね
いろいろな教科で
情報を集めたりして
使えるから
あっ
そうか・・・
それが
資質・能力の育成に
つながるんだ!
ありがとう
森炎くん!
えっ・・・
えっ?
実は
わたしもよく
わかってなかったの
新しい教育の
あり方が・・・
でも
昨日
森炎君から
質問されて
改めて
学んだのよ
なんだか
もっと
学びたく
なってきた!

桜山先生 今日の午後 商店街に行っていいですか？
音無さんのことで？
困っている音無さんを見て気になっていたんです
わたし この町を離れたくないんです
でも 家庭の問題だからね・・・
大学の ぼくの先生が いつも言ってる言葉が あるんですよ
困っている人を助けたい 多くの人を喜ばせたい
そうした思いが 創造性を育むって※

※田坂広志『深く考える』（PHP新書）

五時間目は
空き時間だったので
私も商店街へ
行くことにしました
薬苑商店街は
学校から歩いて
5分のところに
あります
わー
昭和の時代という
感じですねえ
そうねえ
家庭訪問の時に
通るくらいで
普段は全く
来ないところです
驚いたのは
シャッターが閉まっている店が
あまりにも多いということでした
入居者募集
000-000-0000
長らくのご愛顧
誠に有り難うございました。
本日をもちまして
当店舗を閉店させて頂きます。

本と文具
音無書店
音無書店
ここが音無さんの本屋さんよ
こんにちは！
桜山先生！
音無静香の父・音無書店店主
音無《おとなし》 元気《げんき》(42)
先日の静香さんの件でうかがいました
それはわざわざありがとうございます
どうぞ店の奥へ

先生にまでご心配おかけしてしまって申し訳ありません
こちらこそ突然おじゃましてすみません
はずかしながらうちの店は赤字なんです
この数年で電子書籍が普及したこととインターネット通販で本を買う人が増えたことが大きな原因です
町の本屋で紙の本を買う人が激減しているんです
それに加えてとなりの町にイータウンという大きなショッピングモールができて商店街そのものにも客足が途絶えてきているんです
E-Town
店を閉めて町を出て行く人も多く…
このままだと商店街どころか町そのものがなくなってしまうかもしれない

家内は
引っ越すことも
考えていますが・・・・
わたしは
決心がつかなくて・・・・
生まれ育った
ふるさとですからね
町を活性化させるために
まちづくり協議会で
みんなで話し合っても
いるんですが・・・
これが
一筋縄では
いかないんです
十年前にはじめた
スポーツイベントは
健康増進と地域活性化の
二つの効果がある
ということで
メディアが
取り上げた時は
参加者が増えて
町もにぎわいました
一時的には
成功したんです
しかし
今では
ブームが過ぎて
参加者も
減りはじめています
補助金
それでも
地方創生の
補助金が出るので
やめられず
新しい取組を模索して
いるところなんです

まちづくり協議会では他の地域の成功事例のまねをするアイデアばかりなんですよ
行政が主導してコンサルタントが提案をするという感じです
①ゆるキャラ開発
②特産品開発
③地域ブランド
私や30代40代の比較的若い人達は反対しているんですが・・・
行政やコンサルタントまかせのまちづくりでは長続きしません
私たち住民が考えて継続が可能な事業をやりませんか?
仕事一筋でやってきた年配の方の中にはまちづくりは行政がやるものだと思い込んでいる人も多くいて私は理解してもらえません
役所がそう言うんだから
それに加えてそれぞれの利権が絡むので私は悪者扱いされているんです
コンサルタントの案なら特産品で儲かるのに

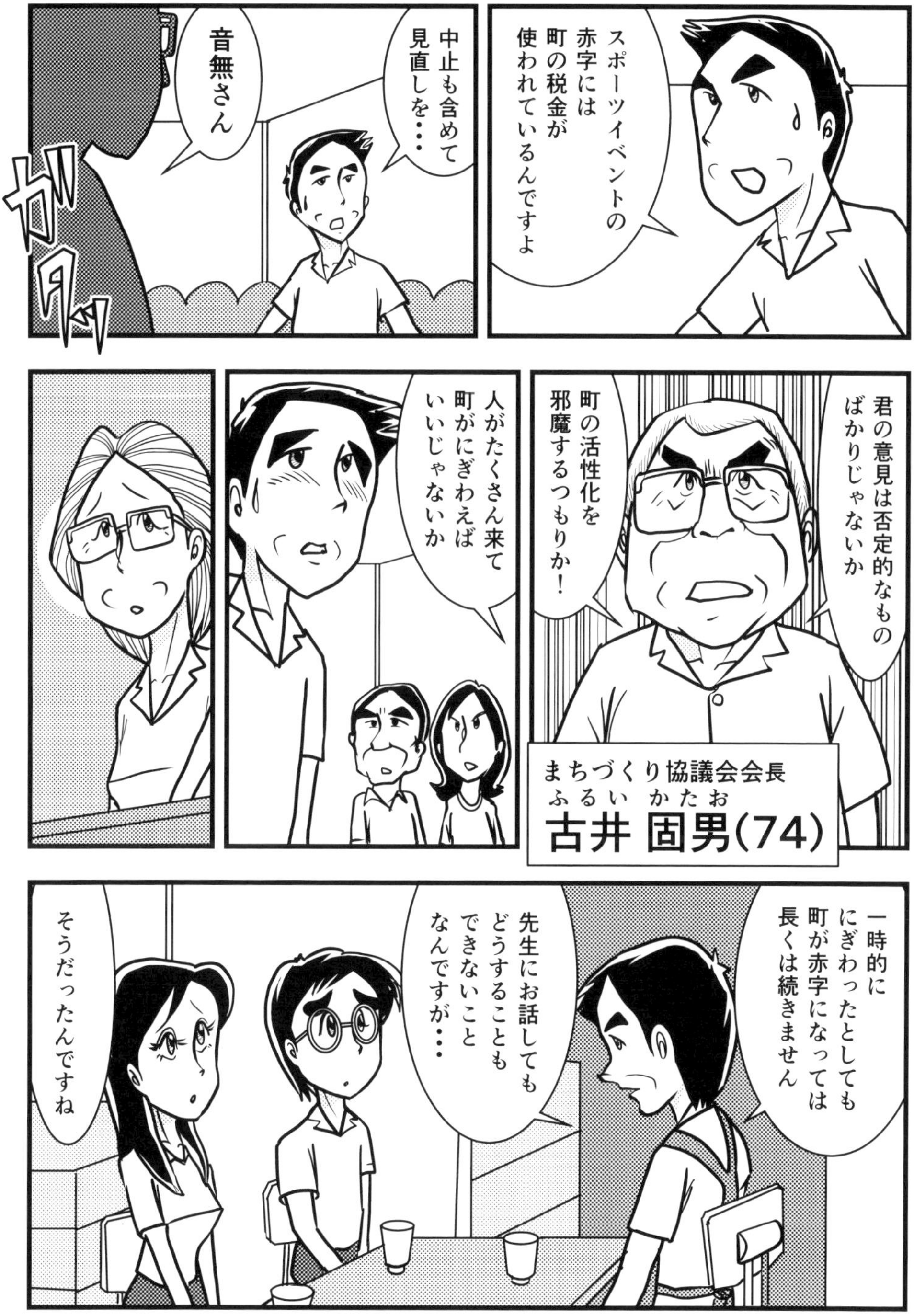

スポーツイベントの赤字には町の税金が使われているんですよ
中止も含めて見直しを・・・
音無さん
ガタッ
君の意見は否定的なものばかりじゃないか
町の活性化を邪魔するつもりか！
まちづくり協議会会長
古井《ふるい》 固男《かたお》(74)
人がたくさん来て町がにぎわえばいいじゃないか
一時的ににぎわったとしても町が赤字になっては長くは続きません
先生にお話してもどうすることもできないことなんですが・・・
そうだったんですね

職員室
教頭先生
大学院生の森炎君は桜山先生とうまくやっているかしら?
あっ ちょうど今
音無さんの家庭訪問を兼ねて
商店街の様子を二人で見に行ってますよ
それはいいことだわ
桜山先生が森炎君に地域のことを知ってもらおうと考えたのね
それが逆でして森炎君の方が商店街に行きたいと言い出して
桜山先生がそれについて行っているんです

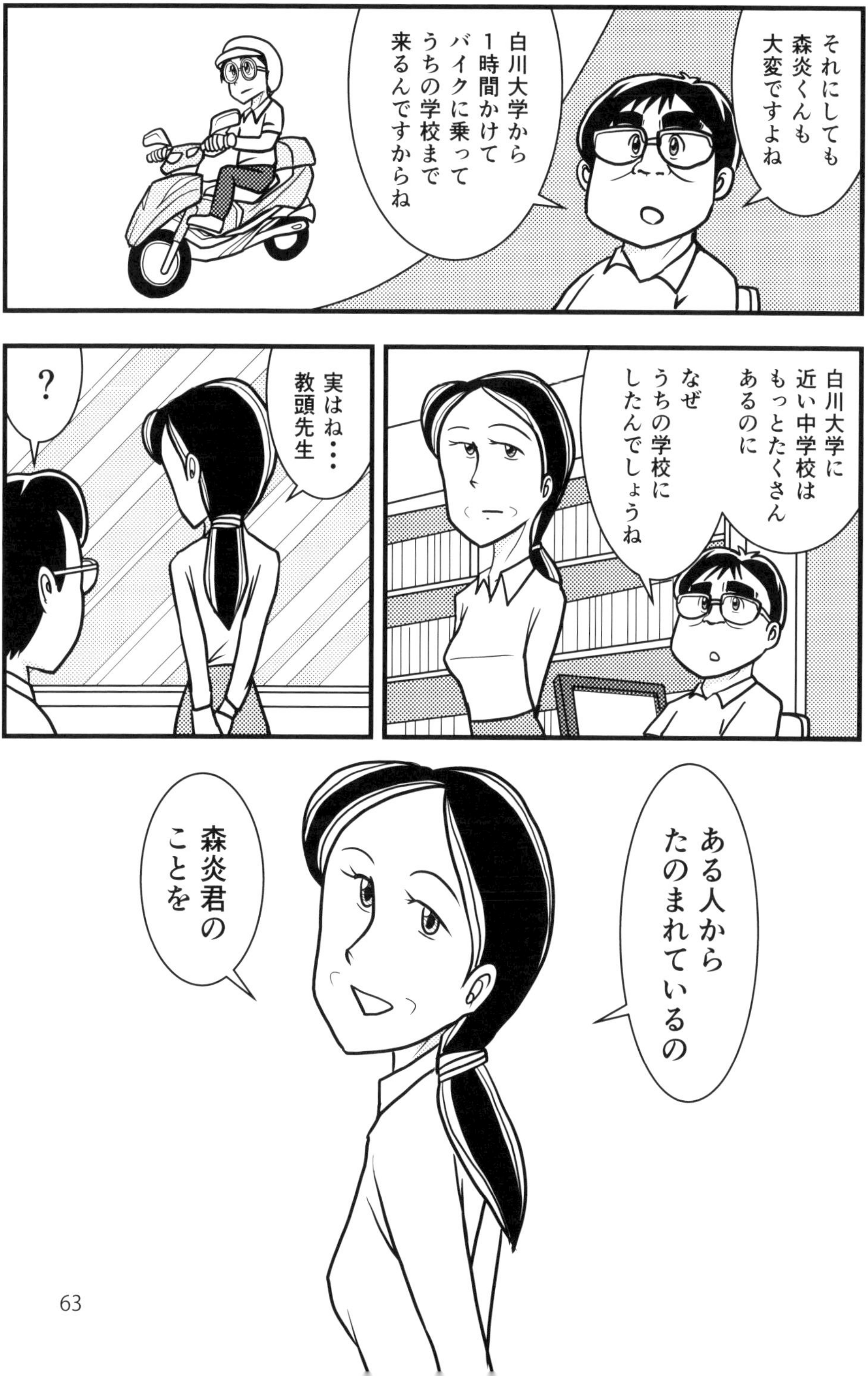
それにしても森炎くんも大変ですよね
白川大学から1時間かけてバイクに乗ってうちの学校まで来るんですからね
白川大学に近い中学校はもっとたくさんあるのになぜうちの学校にしたんでしょうね
実はね・・・教頭先生
？
ある人からたのまれているの
森炎君のことを

音無書店
音無書店
突然おじゃましてすみません申し訳ありませんでした
とんでもない心配して下さってありがとうございます
先生見て下さいこの景色を
子どもの時からずっと見続けてきた薬苑町の景色です
あの山の中には今でも昔から変わらない豊かな自然が生きているんですよ

静香が小さいときはよくあの山へ虫とりに連れていったものでした
静香は昆虫が大好きな娘でして
でもいずれこの町もなくなるんでしょうね
あのー音無さん
白川大学の
「大人の学び場」に来てみませんか？
大人の・・・
学び場？

解説3

新しい時代に求められる資質・能力

桜山先生は、森炎くんに新しい時代に求められる資質・能力について説明しています。それは、以下に示す三つの柱として新学習指導要領に示されているものです。

ア　生きて働く「知識及び技能」の習得
イ　未知の状況にも対応できる「思考力、判断力、表現力等」の育成
ウ　学びを人生や社会に生かそうとする「学びに向かう力、人間性等」の涵養

特長的なのはウの「学びに向かう力、人間性等」ではないでしょうか。アとイをどのような方向性で働かせるかを決定づける重要な要素となるからです。そのためには、自己の感情や行動を統制する力、よりよい生活や人間関係を自主的に形成する態度等が必要になります。また、多様性を尊重する態度や互いのよさを生かして協働する力、持続可能な社会づくりに向けた態度、リーダーシップやチームワーク、感性、優しさや思いやりなどの人間性等に関するものも幅広く含まれているのです。※

※　文部科学省「中学校学習指導要領解説　総則編」平成29年、39ページ

◉学習の基盤となる資質・能力

新学習指導要領では、言語能力、情報活用能力（情報モラルを含む）、問題発見・解決能力等の学習の基盤となる資質・能力を育成していくことができるよう、各教科等の特質を活かし、教科等横断的な視点から教育課程の編成を図ることを求めています。これは、変化の激しい社会においては、国語や数学といった教科の枠を超えた汎用的な力が求められるからです。

たとえば、情報活用能力は新学習指導要領で次のように定義されています。※

情報活用能力は、世の中の様々な事象を情報とその結び付きとして捉え、情報及び情報技術を適切かつ効果的に活用して、問題を発見・解決したり自分の考えを形成したりしていくために必要な資質・能力である。

このような力を育成するためには、様々な教科の中で、情報機器を用いて情報を得たり、情報を整理・比較したり、分かりやすく発信・伝達するといった学習活動が必要となります。また、情報モラルやプログラミング的思考、統計等に関する知識・技能も求められています。

漫画の中では、教育委員会から生徒用タブレット型端末が配布されます。こうした情報機器の導入は、情報活用能力を育成するために活用されることを目指してのものなのです。

※　文部科学省「中学校学習指導要領解説　総則編」平成29年、51ページ

縮充する日本

「参加」が創り出す人口減少社会の希望

山崎 亮

（PHP新書）

地域の課題を地域に住む人たちが解決するための「コミュニティデザイン」の先駆的実践者である山崎亮さんが、これからの日本のあり方を示した本です。

「縮充」とは山崎さんが日本の未来を考えるときに使う言葉で「人口や税収が縮小しながらも地域の営みや住民の生活が充実したものになる」という意味です。今までの日本の仕組みは人口増加と経済成長を前提として作られたものですが、今ではその前提は通じません。そこで、山崎さんは、まちづくりや芸術、教育などのあらゆる分野で胎動する「参加」の潮流に注目し、参加型社会の重要性について主張します。

また、参加型社会へ推進するための「教育」のあり方についても触れてあり、学校教育から社会教育、さらには生涯学習にまで及ぶ〝学び〟への参加の潮流についても語っています。未来への学びを考えるためにも貴重な一冊と言えましょう。

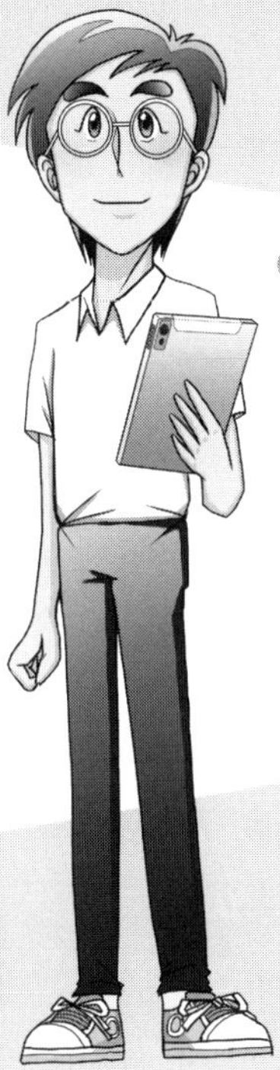

第4章

社会の変化

学び続ける力

「ある人」というのは
大学時代の同級生
今は森炎君の大学の先生よ
先月彼がわざわざ白川大学からやってきてお願いに来たの
矢香奈さん
うちの学生に学校と地域のリアルを体験させてもらえないだろうか
「矢香奈さん」なんて久しぶりに言われちゃった
でもどうしてこの学校なの?
大学の近くにはたくさん学校はあるのに・・・
言いにくいことだけど・・・
この地域の高齢化と人口減少の問題は深刻だ
この学校の子どもたちは数年後にはこの地域をつくる住民になる

高齢化や人口減少などの社会的な問題を克服しよりよい社会を創るためには
学校と社会が連携・協働しながら子どもたちの資質・能力を育てなくてはならない
しかしそれを理論ではなく実感を伴って示すことは大学だけでは難しい
子どもたちと教師が共に成長する姿をこの地域にあるこの学校で学ばせたい
矢香奈さんが校長だからお願いするんだ
わかったわ
でも・・・
こちらからもお願いしていいかしら?
良介君

水曜日
今日はノー部活デーです
職員室
あっ
行かなくちゃ
森炎君との
約束だから・・・
?
お先に
失礼します
めずらしく
早く帰るんだね
今から
どこかに行くの?
大人の学び場です
大人の学び場?

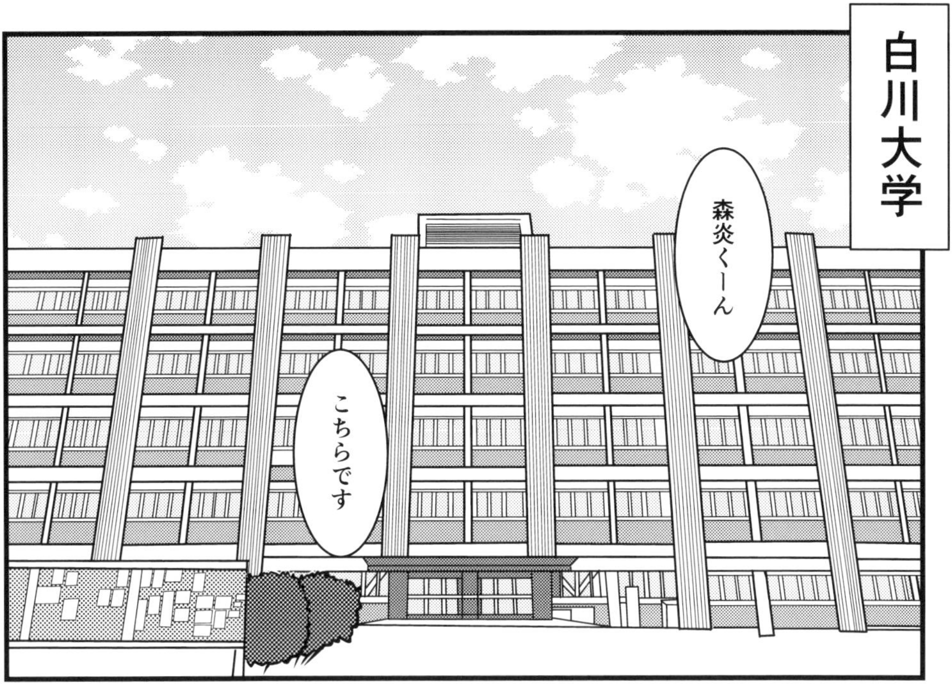
白川大学
森炎くーん
こちらです

平日の夕方なのに
人がいっぱい来るんだね
いつもテーマは違うのですがいろいろな方がやって来られます

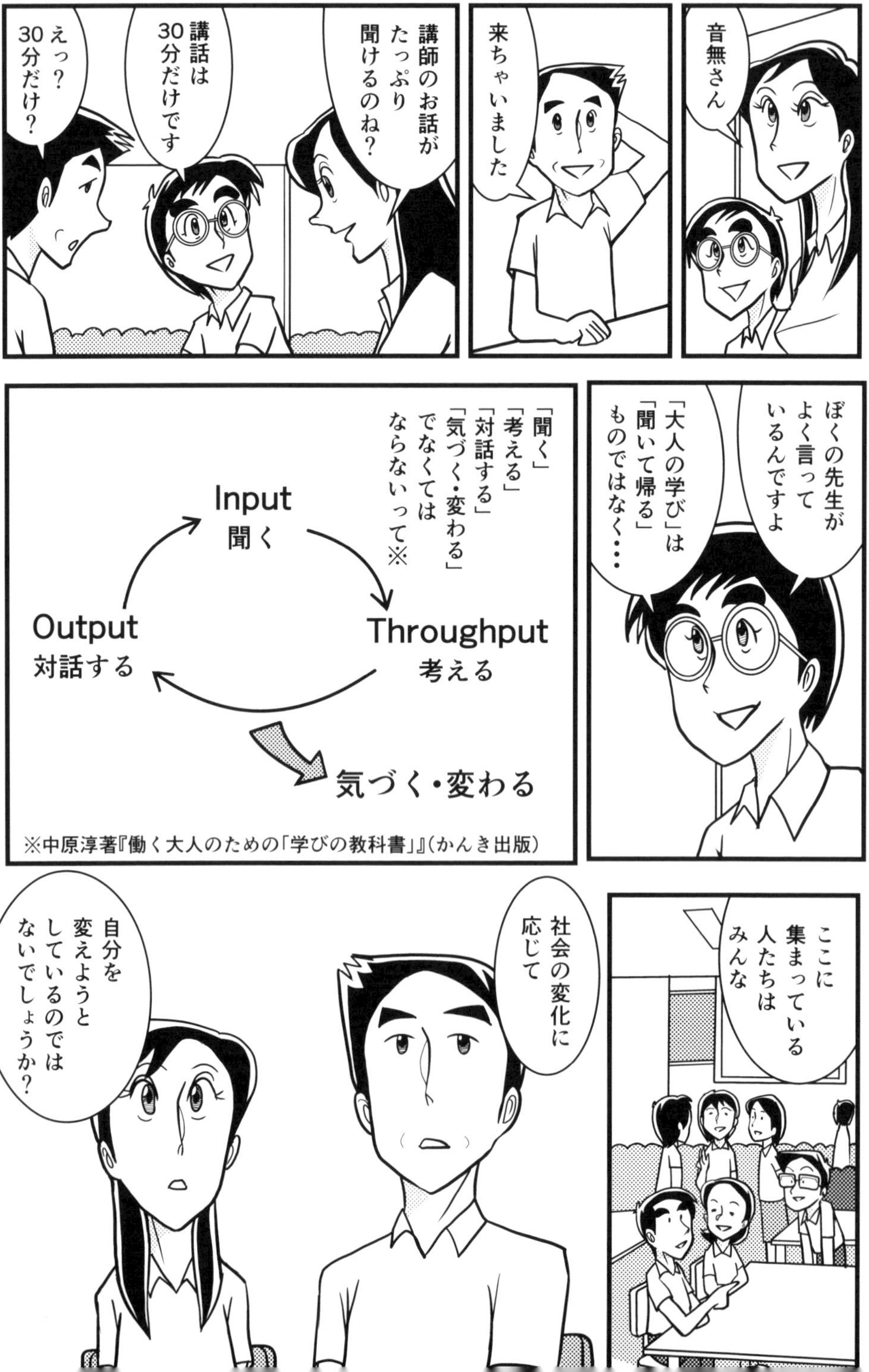
音無さん
来ちゃいました
講師のお話がたっぷり聞けるのね？
講話は30分だけです
えっ？30分だけ？
ぼくの先生がよく言っているんですよ
「大人の学び」は「聞いて帰る」ものではなく……
「聞く」「考える」「対話する」「気づく・変わる」でなくてはならないって※
Input
聞く
Throughput
考える
Output
対話する
気づく・変わる
※中原淳著『働く大人のための「学びの教科書」』（かんき出版）
ここに集まっている人たちはみんな
社会の変化に応じて
自分を変えようとしているのではないでしょうか？

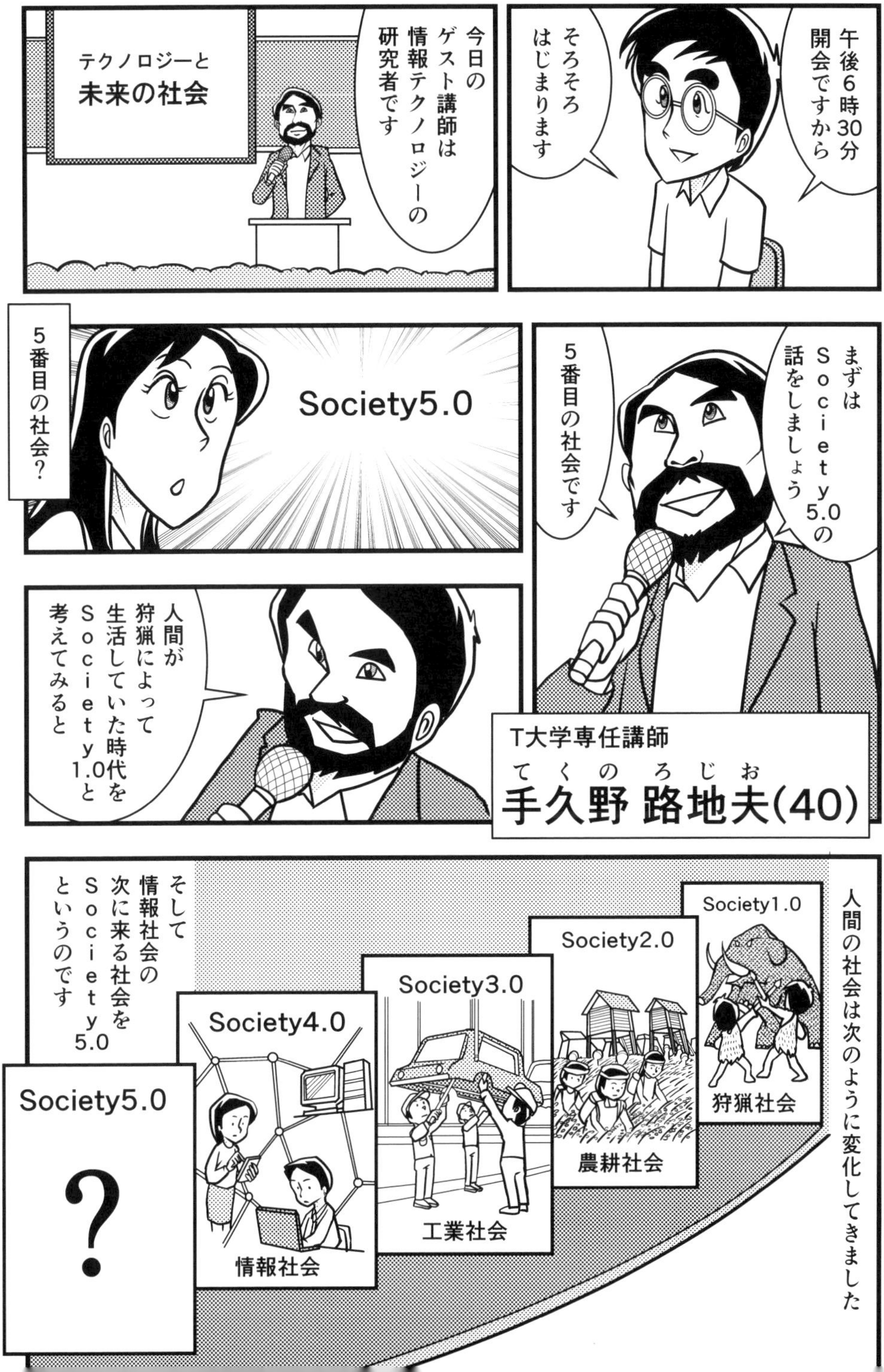
午後6時30分開会ですから
そろそろはじまります
テクノロジーと
未来の社会
今日のゲスト講師は情報テクノロジーの研究者です
まずはSociety5.0の話をしましょう
5番目の社会です
T大学専任講師
手久野《てくの》 路地夫《ろじお》(40)
Society5.0
5番目の社会？
人間が狩猟によって生活していた時代をSociety1.0と考えてみると
人間の社会は次のように変化してきました
Society1.0
狩猟社会
Society2.0
農耕社会
Society3.0
工業社会
Society4.0
情報社会
Society5.0
？
そして情報社会の次に来る社会をSociety5.0というのです

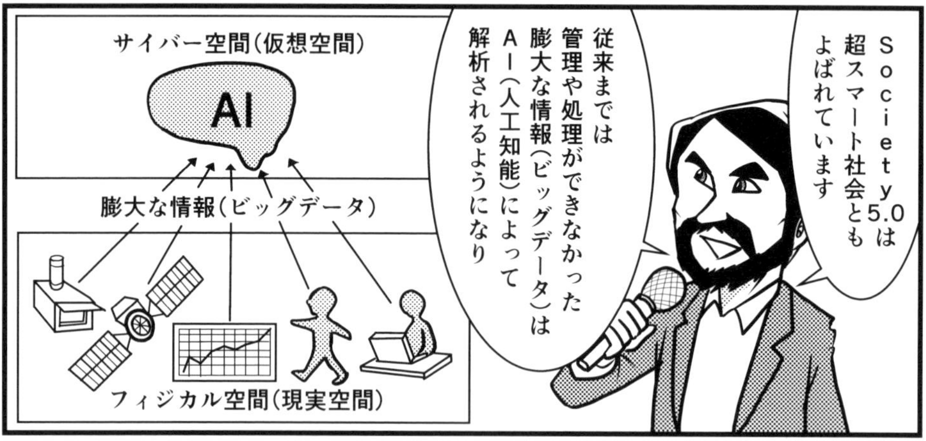
Society5.0は
超スマート社会とも
よばれています
従来までは
管理や処理ができなかった
膨大な情報(ビッグデータ)は
AI(人工知能)によって
解析されるようになり
サイバー空間(仮想空間)
AI
膨大な情報(ビッグデータ)
フィジカル空間(現実空間)

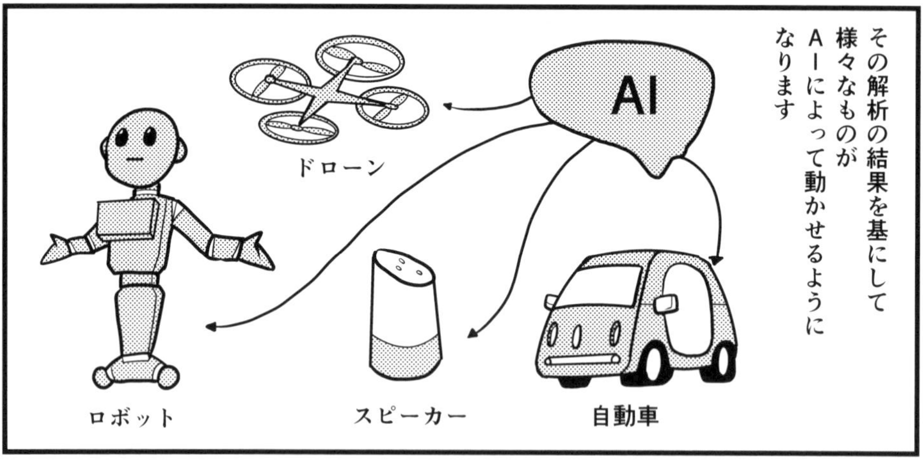
その解析の結果を基にして
様々なものが
AIによって動かせるように
なります
AI
ドローン
ロボット
スピーカー
自動車

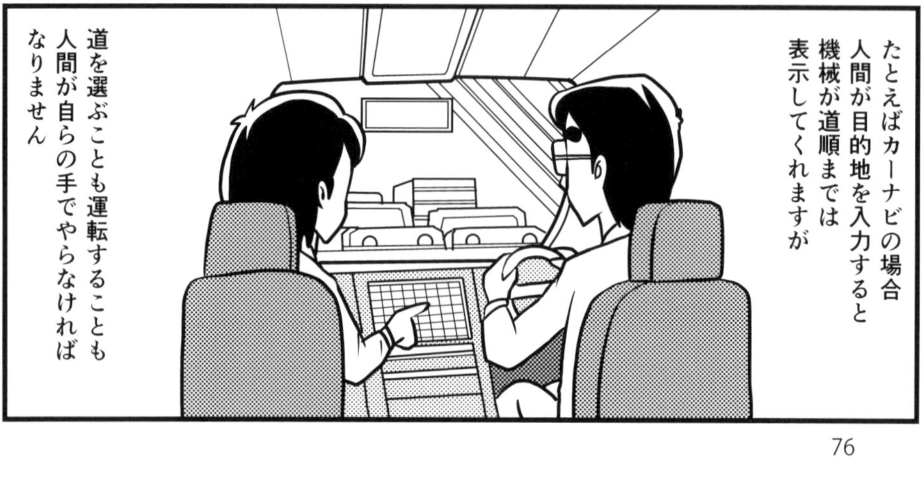
たとえばカーナビの場合
人間が目的地を入力すると
機械が道順までは
表示してくれますが
道を選ぶことも運転することも
人間が自らの手でやらなければ
なりません

※内閣府『Society5.0』

※檜山敦著『超高齢社会2.0』（平凡社新書）

しかし
シニアだけの
問題ではない
新しい時代の主役となる
若い世代の人達も
高齢化について
取り組むべきです
様々な問題を
乗り越えて
未来の社会を
よりよいものに
するためには・・・
世代に関係なく
「全員参加」の
意識が必要なんです

「全員参加」か！
パチパチ
パチパチ
講話の次は
グループワークです
みんなでアイデアを出し合って
自分が何ができるかを提案するんです
こんばんは
よろしくお願いします
元教師の槍貝です
今は教材用のアプリの開発をやっております
退職教員
槍貝《やりがい》 有造《ありぞう》(63)
槍貝さんはまさにスマートシニアですね
わたしのようなシニア世代がもっとタブレットやスマホを使いこなして
情報発信ができるようになるともっと可能性が広がるのですが・・・

しかし現実的には難しいでしょうね
わたしの町のお年寄りたちは頭がカタくて・・・
もっと新しいことにも興味をもってほしいんですけどね・・・
うちの学校にもタブレット端末が入ったんですけど
わたし自身が忙しくて使い方を学ぶ余裕がなく使いこなすなんてとてもできません
もっと仕事の量を減らしてほしいんですけどね・・・
そうですか・・・
あっ・・・あのー・・・
これもぼくの先生の受け売りなんですけど
「してほしい」ではなく「こうしよう」と考えると
人は変われるって

「してほしい」から「こうしよう」か
なるほど
もしかしたらわたしは・・・
忙しいことを自分を変えない言い訳にしていたのかもしれない・・・
今日のように大人が学べる場所があればいいですよね
そういえばうちのとなりの店は閉店していて使ってないんです
オーナーも自由に使っていいと言っているので何かできそうなんですが・・・
教室ではなくカフェにするとか?
ICTだったらぼくがボランティアで教えますよ
それはいい!
やりましょう!

次はアイデアを発表して共有するんです
わたしの町は過疎化で空き店舗が増えている一方で・・・
高齢者がICTを学ぶ場がありません
そこで空き店舗を利用して高齢者が自由に学べる場をつくりたいと思います
名づけて「大人の学びカフェ」
大人の学びカフェ
空き店舗でICTを学ぶ
おーーっ!!
パチパチ
パチパチ
パチパチ
パチパチ
パチパチ
パチパチ
聞いて考えて対話して・・・
気づく・変わる!
パチパチ
パチパチ

本日は終了します
今日はどうも
ワイ
いつか一緒にやりましょう
ガヤ
民生委員をやっております
ワイ
ガヤ
中学の美術教師です
ワイ
ガヤ
やりますよ！大人の学びカフェ
わたしもお手伝いします！
森炎君！
森炎君の先生を紹介してよ
この会を企画している
あっはい
森炎君の先生ってどんな人なんだろう？
たしか一番後ろで記録をとっていたはずです

ほら
いました
こちらです
ぼくを
指導して
くださっている
吉良良介先生です
白川大学　非常勤講師
吉良《きら》 良介《りょうすけ》(53)

解説4

社会の変化

漫画の中で「Ｓｏｃｉｅｔｙ5・0」という言葉が登場します。それは一体何なのでしょうか。平成7年、日本の科学技術政策の基本的な枠組みとなる法律として「科学技術基本法」が施行されました。それに基づき、平成28年に閣議決定された第5期科学技術基本計画においては、以下の4つの目指すべき国の姿が示されています。

1　持続的な成長と地域社会の自律的発展
2　国及び国民の安全・安心の確保と豊かで質の高い生活の実現
3　地球規模課題への対応と世界の発展への貢献
4　知の資産の持続的創出

これらを実現させるためには、未来の産業の創造と社会変革を起こす必要があります。そこで提案された目指すべき日本の未来社会の姿が「Ｓｏｃｉｅｔｙ5・0」なのです。

◉学び続ける力

現代では、コンピュータやインターネットといったICT（情報通信技術）を使いこなすことは、社会人が仕事をする上での必要不可欠なスキルとなっています。科学技術が進歩すれば、社会は変わります。社会が変われば、人間に求められる知識やスキルも変化するのです。

その一方で、人間の寿命は伸び続けており、人生百年時代とも言われています。これから先、できるだけ健康な状態を維持しながら、長い人生の中で働き続けることが求められるとも言えましょう。

つまり、われわれは社会の変化に応じて常に学び直し、自分自身を柔軟に変化させていく必要があるのです。学びは子どもだけではなく、大人にとっても重要なことなのです。

立教大学の中原淳教授は「大人の学び」を、著書の中で次のように定義しています。※

自ら行動するなかで経験を蓄積し、次の活躍の舞台に移行することをめざして変化すること

漫画の中で、桜山先生と音無元気さんは、白川大学の大人の学び場に参加するという行動を起こします。それにより新しい知識を得て、さらに人々と対話することによって桜山先生は新しい授業、音無さんは新しい事業という次の活躍の舞台への移行をめざしていくことになります。過去の成功体験にとらわれず、自らを社会の変化に適応させていく「学び続ける力」が求められているのです。

※　中原淳著『働く大人のための「学び」の教科書』かんき出版、28ページ

働く大人のための「学び」の教科書

中原 淳
（かんき出版）

本書は、企業や組織で働くホワイトカラーの人々が、働きながらいかに学ぶことができるか、に関するヒントを分かりやすく論じた本です。

著者の中原淳氏は、大人の学びは「聞く→聞く→聞く→帰る」ではなく「聞く→考える→対話する→気づく・変わる」でなくてはならないと説きます。つまり、講演会などで単純にインプットを繰り返しても「学び上手」にはならないというわけです。

この本に共感した私は、平日の夕方に「大人の学びBar」という勉強会を主催するようになりました。まず、講師に社会的な問題について30分だけ語ってもらい、次の30分でグループワーク、最後の30分でアイデアの発表という会順です。まさに、漫画に登場する「大人の学び場」をそのまま実践しているのです。そういう日常的な実践が気軽に行われるためにも、多くの人々に読んでもらいたい一冊だと言えます。

第5章

学ぶ意義の明確化

なぜ学び、どういった力が身に付くのか

吉良先生
あん？
また
ねてましたね
いやいや
目をつぶって考えてたんだ
よだれもたらして考えるんですね・・・
桜山さやか先生ですよね？
はい・・・
どうしてご存知なんですか？
あなたのことは聞いていました
校長先生から

校長先生から？
どうでしたか？
大人の学び場は？
刺激的でした すっごく！
未来の社会について みんなで考える会なんて はじめてでした
AI
Society5.0
IoT
スマートシニア
色々な職種の方々とも出会うことができましたし
音無さんは大人の学びカフェをはじめることになりました
AIにはできないけど人間にはできることがあるのをご存じですか？
その一つは
何か新しいことをはじめることなんです

二日後
美術準備室
桜山先生 いらっしゃいますか？
先日はどうも
音無さん
あれから 大人の学びカフェの ことを家内と 相談しましてね
家内も 賛成して くれたんです
となりの店は 元は喫茶店 だったので
テーブルを 並べ変えてみたら いい感じに なったんです
30人は 十分に 入ります

町の女性部長の印手さんに相談したら
大人の学びカフェ？
おもしろそう！やるやる！
大賛成してくれて
すぐにチラシを作ってくれたんです
そこで森炎君にＩＣＴの講師をお願いしたいんです
ええ喜んで
スマートシニアになるためには何から始めればいいんでしょう？
そうか・・・ＩＣＴの基本から教えるとなると・・・
でもまかせてください！
たしか吉良先生がＩＣＴ指導者用特製マニュアルを作っていたはずです
それは心強い
では月曜日にお待ちしてます
はい
ＩＣＴ指導者用特製マニュアル？
どんなものかな？

さてと・・・
わたしたちも
がんばらなきゃね
来週から「ポスターのデザイン」の授業に入るの
環境のポスターを作るのよ
どうして環境のポスターなんですか？
毎年環境ポスターのコンクールに出品しているの
入賞したら賞状と賞品がもらえるのよ
廊下の掲示板に貼ってあるやつですよね？
環境ポスター入賞作品
水を大切に
やめようポイ捨て
STOP 温暖化
未来への思い
自然大切に
そうそう見事でしょ？
入賞しなかった子どもたちのポスターは
どこに貼るんですか？
教室とか・・・
あっ・・・

あっ・・・
すみません
また
変な
質問でしたよね
今の質問は
本質を突いてるわ
実は
考えていることが
あって・・・
わたしは
子どもの時から
絵を描いたり
ものを作ったり
することが
大好きだったから
美術の時間は
黙々と
作品作りに
没頭していたの
友だちも
先生も
そんなわたしを
ほめてくれたし
わたしも
得意になっていた
でも
それだけの授業では
ダメだと思うの
作品作りが
得意な生徒だけが
活躍する授業では・・・
あらためて
美術の学習指導要領を
読み直してみたのよ
どんな授業を
目指すべきかと思って

その中に授業の例として伝達のデザインとしての「ピクトグラム」が取り上げられていて・・・
ピクトグラム
(絵文字)
「ピクトグラムを描くこと自体が学習の中心ではない」※
あっ・・・
「ここでの学習の中心となるものは、目的や条件などを基に、他者や社会に形や色彩などを用いて」
デザインの働き
「美しく分かりやすく伝える生活や社会の中でのデザインの働きなどについて考えること」
わたしの授業は・・・
作品作り自体が学習の中心になっていたんだ・・・

※文部科学省
『中学校学習指導要領解説
美術編』(2017)

わたしの授業は
毎年前年度の入賞作品を子どもたちに見せて
STOP環境汚染
限りある資源
空き缶はゴミ箱へ
作品作りの参考にしましょう
子どもたちは
作品のよさや美しさを感じることもないまま
目的意識ももたずに
ただ何となく作品を作り
わたしは出来具合についてのアドバイスをするだけ
作品をうまく作れない子どもにとっては
どーせオレ絵は下手だし
どうしたらコンクールに入賞できますか？
おもしろくない授業だったはずよ

そもそも授業の目的は作品作りそのものではなく子どもたちの資質・能力を育むこと
美術教育で育む資質・能力
知識・技能
造形的な視点を身に付けて、知識を豊富にし、
表現方法を工夫して創造的に表す技能
思考力・判断力・表現力
表現における発想・構想と鑑賞での美術や
美術文化に対する見方や感じ方
学びに向かう力・人間性
美術を愛する心情等、心の豊かさと
主体的に取り組む態度
ということはコンクールは必ずしも目指す必要はないということですか？
そうなのよ
もっと子どもたちの創造性を育むようなやり方ってないかな？
ん？創造性？
森炎くん
前に「困っている人を助けたい 多くの人を喜ばせたい という思いが創造性を育む」って言ってたよね
はい 吉良先生の言葉です

「困っている人を助けたい」
「多くの人を喜ばせたい」
昔は人で あふれていたんですけどね
わたし この町を離れたくないんです
このままだと商店街どころか町そのものがなくなってしまうかもしれない
先生 見て下さい この景色を
あっ！
この町の良さをPRするポスターってどう？

※文部科学省『中学校学習指導要領　第６節　美術』(2017)

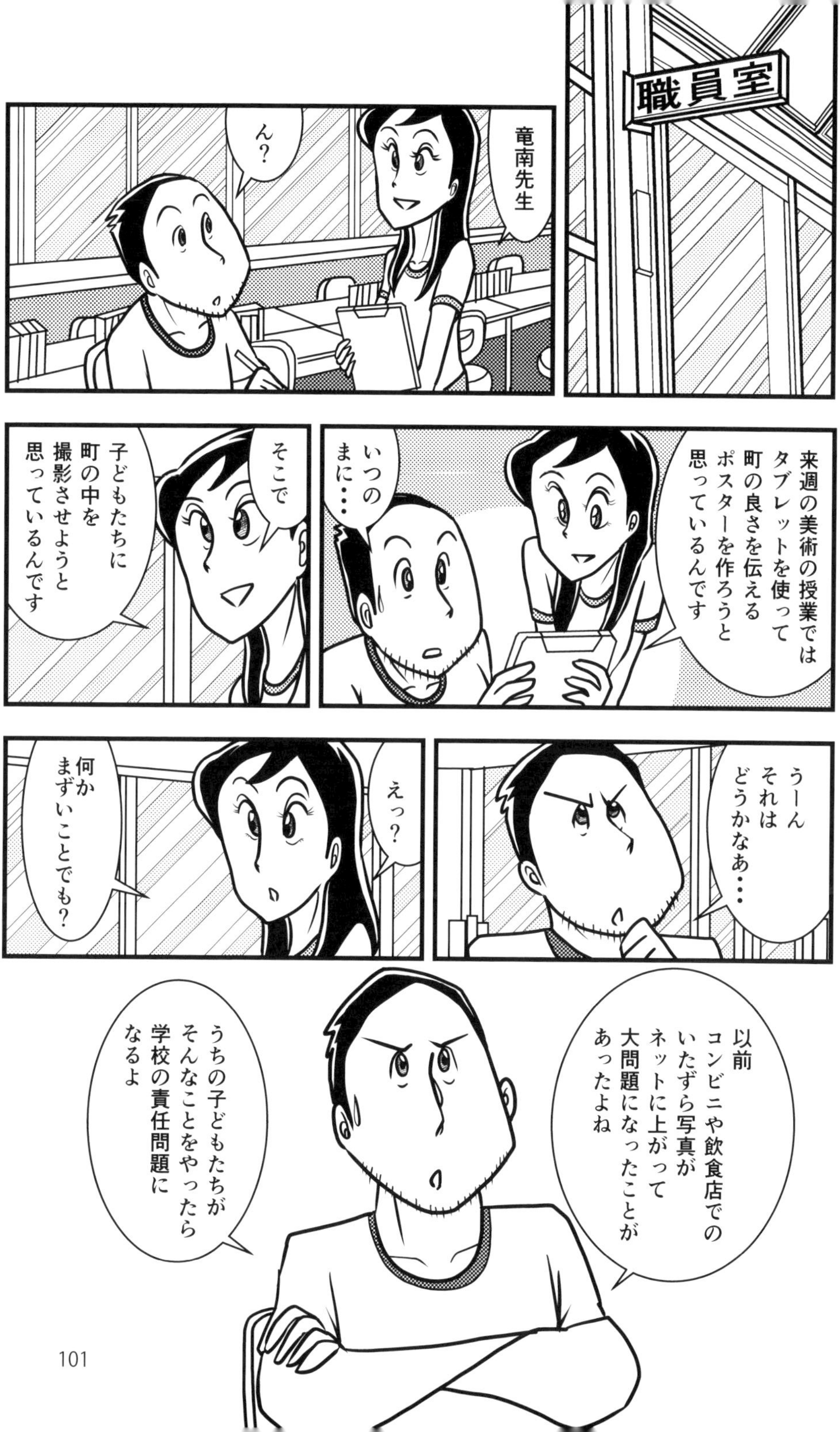
職員室
竜南先生
ん？
来週の美術の授業ではタブレットを使って町の良さを伝えるポスターを作ろうと思っているんです
いつのまに・・・
そこで
子どもたちに町の中を撮影させようと思っているんです
うーん それは どうかなあ・・・
えっ？
何か まずいことでも？
以前 コンビニや飲食店でのいたずら写真がネットに上がって大問題になったことがあったよね
うちの子どもたちがそんなことをやったら学校の責任問題になるよ

校長室
町の良さをPRするポスターをタブレットで作る？
それはいいアイデアね
この町の人達も喜んでくれるわ
しかし子どもたちが変な写真を撮ってネットにアップしたら
大問題になりますから心配してるんです
だからやるのよ
えっ？
最初から大人が枠を決めていたら子どもたちはその枠の中でしか考えない
情報活用能力とは単に情報機器を操作する技能を指すものではないのよ
情報に関する法やマナー個人の役割や責任について理解して問題の発見や解決に向けて考えて情報技術を適切に活用して情報社会の発展に寄与する力なの
法・制度 マナー
必要な技能
知識・技能
情報と情報の結びつき
問題の発見と解決
思考・判断・表現
主体的な社会参画
情報社会の発展
学びに向かう力 人間性の涵養

この機会にルールやマナーを守り
責任もって行動することの大切さを学ばせてみては？
教頭先生の言うとおりだわ
子どもたちを信頼して任せてみましょう
商店街や地域の人たち向けのお知らせの文書はわたしが作ります
問題が起きたらわたしが責任とるから
思いきってやってごらんなさい
子どもたちがどんなポスターを作るのか楽しみだわ
はい
ありがとうございます！
ただし…
この機会に
取り組んでほしいことがあるの

月曜日
大人の学びカフェ いよいよスタート！
大人の学びカフェ
緊張するなぁ
ICT講座
大人の学びカフェ
こんにちは！
森炎君
こんにちは
ごめんなさい 三人しか集まらなくて
人の役に立ちたくて やって来ました
よろしく お願いします
阿亜斗《ああと》 作子《さくこ》(82)
ぼーっとした 年寄りには なりたく ないんでね
粒屋木《つぶやき》 書子《かくこ》(78)

①学習者にミッションを与えよ
～授業者は自らの志を語れ～

解説5

学ぶ意義の明確化

漫画の中で桜山先生は、森炎くんから素朴な質問を受けることによって、美術という教科を学ぶ意義についてあらためて考えなおすことになりました。そして、自分の授業を振り返り、子供たちが美術を学ぶ意義を理解していなかったことに気がつきます。

なぜその教科等を学ぶのかといった意義を子供たち自身が感じなければ、学習の意欲は高まりません。試験の点数を取るために覚えた学習内容は試験が終わってしまえば意味をなさなくなります。また、教科等の枠の中で完結し、生きて働くことのない学習では必要感を感じないはずです。

世界の小学四年生と中学二年生の約52万人を対象にした二〇一五年の国際数学・理科教育動向調査※で、日本は算数・数学、理科の全教科で平均得点が過去最高となりました。国際的にも成績はトップクラス。これは学校教育関係者による熱心な取組が功を奏した結果だと言えます。しかし、意識調査で「算数・数学や理科が楽しい」と答えた中学二年生の割合は52%であり、国際平均の71%に対して大きく下回っています。つまり、成績は良いが学習意欲は低いという結果になっているのです。学習意欲が低ければ生涯にわたって学び続ける力も弱くなるので、大きな問題だと言えましょう。

※　国際教育到達度評価学会「国際数学・理科教育動向調査（TIMSS）」二〇一五

◉なぜ学び、どういった力が身に付くのか

中央教育審議会は「教科等を学ぶ意義の明確化」について次のように述べています。※

子供たちに必要な資質・能力を育んでいくためには、各教科等での学びが、一人一人のキャリア形成やよりよい社会づくりにどのようにつながっているのかを見据えながら、各教科等をなぜ学ぶのか、それを通じてどういった力が身に付くのかという、教科等を学ぶ本質的な意義を明確にすることが必要になる。

教師だけではなく、子供たちもまた学ぶ意義を理解し、この学習を通してどのような力を高めていくのかを意識しておくことが重要になります。試験の点数をとるためだけの学習や漫然と良い作品を作るためだけの学習では教科等の本質的な意義を理解することにはならないのです。だからこそ、桜山先生は、美術科で育むべき資質・能力を明確にして、それが実社会の問題解決につながるような新しい授業を考えたわけです。

新学習指導要領では、このように教科等を学ぶ意義と学習を通して育てるべき力を明確にし、実社会の様々な場面で活用したり、教科等の枠を超えて活用したりするような授業への工夫・改善が求められているのです。

※　中央審議会教育課程部会「次期学習指導要領等に向けたこれまでの審議のまとめ」平成28年、31ページ

地方創生大全

木下 斉
（東洋経済新報社）

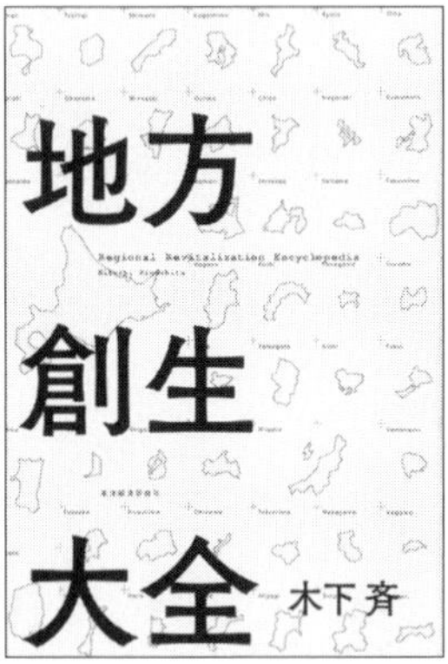

東京・早稲田の商店街や熊本市でまちづくりを進めてきた著者が、地方創生事業の施策の問題点を指摘し、具体的にどのように取り組むべきかをまとめた本です。

著者の木下さんは、「ゆるキャラ」や「道の駅」といったどこかの地方の成功事例をそのまま真似してもうまくいかないということを主張します。そして、自ら試行錯誤で実践してみることの重要性を説き、自分たちの価値観を持って「継続的に稼げる仕組み」を作ることを提言しています。

とかく横並びが好きな日本人には耳の痛い内容ですが、地方の問題ということではなく、現代の日本が抱えている構造上の問題なのだということを実感する本だと言えましょう。教科の内容や教育方法には詳しくても実社会の問題には疎いと言われる学校関係者にもぜひ読んでほしい一冊です。

第6章

学習者の視点

教える側から学習する側へ

「ミッション」ってもなあ・・・
何を言えばいいんだろう？
吉良先生の言葉を思い出そう
教育の方法に完全なものなどあり得ない
方法は状況や目的によって変わる
現実の状況と学習者の状態を理解して
最適な方法をその場で考えるんだ
現実の状況と
この町を離れたくない
町そのものがなくなってしまう
学習者の状態
人の役に立ちたい
ぼーっとした年寄りになりたくない
よし！

みなさん
この町を救ってください
町を救う？
みなさんがＳＮＳを使って町の情報を発信すれば
薬苑町
多くの人たちがこの町を注目してくれるはずです
ＳＮＳって危険だって聞くからねえ
私たちには難しいわ・・・
年寄り向けのもっと簡単なやつでいいよ
～授業者は自らの志を語れ～

ぼくが どうして ここにいるのか
ぼくの話を 聞いてください
先日 音無さんのところの 静香さんが 泣きながら 「この町を離れたくない」と 言っていたんです
この町の人口は減っていて この商店街もやっていけなく なってきています
音無さんが 店をたためば 引っ越しすることに なります
その一方で 音無さんは この商店街を少しでも 活性化するために
みなさんが ICTを自由に 学べる場を 作ったのが このカフェです
こんなぼくでも 少しでも 役に立ちたいと 思って
お手伝い することに したんです

そ…そうなの?
ええ もう本屋だけでは やって いけないんです
でも 何か行動を 起こせば
この町は 変わるかも しれない…
…
正直 自信はないけど…
こんな私たちでも お役に立つので あれば…
みんなでやれば こわくないってね
やり ましょう! 町を 救うために!

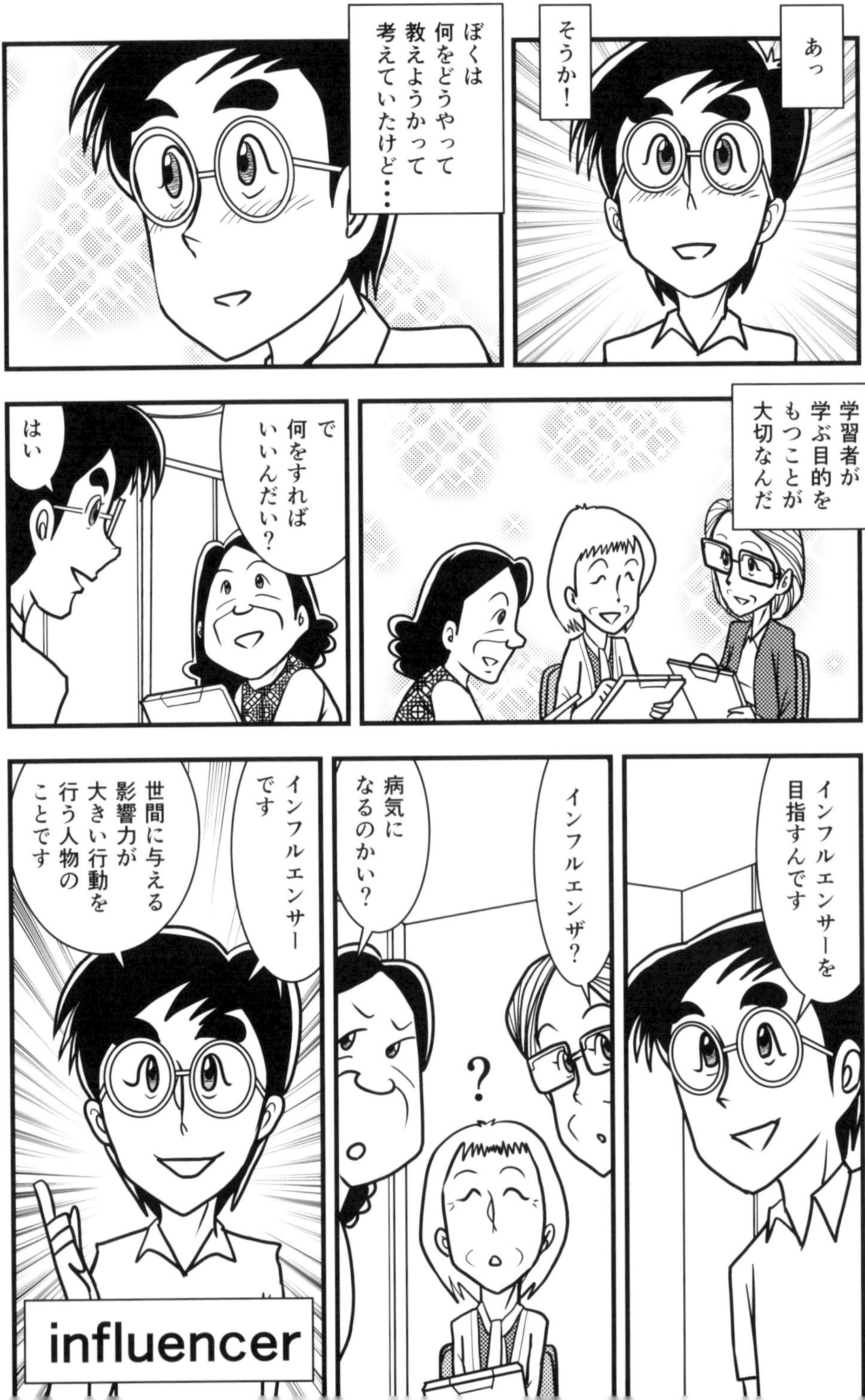
あっ
そうか！
ぼくは
何をどうやって
教えようかって
考えていたけど…
学習者が
学ぶ目的を
もつことが
大切なんだ
で
何をすれば
いいんだい？
はい
インフルエンサーを
目指すんです
インフルエンザ？
病気に
なるのかい？
?
インフルエンサー
です
世間に与える
影響力が
大きい行動を
行う人物の
ことです
influencer

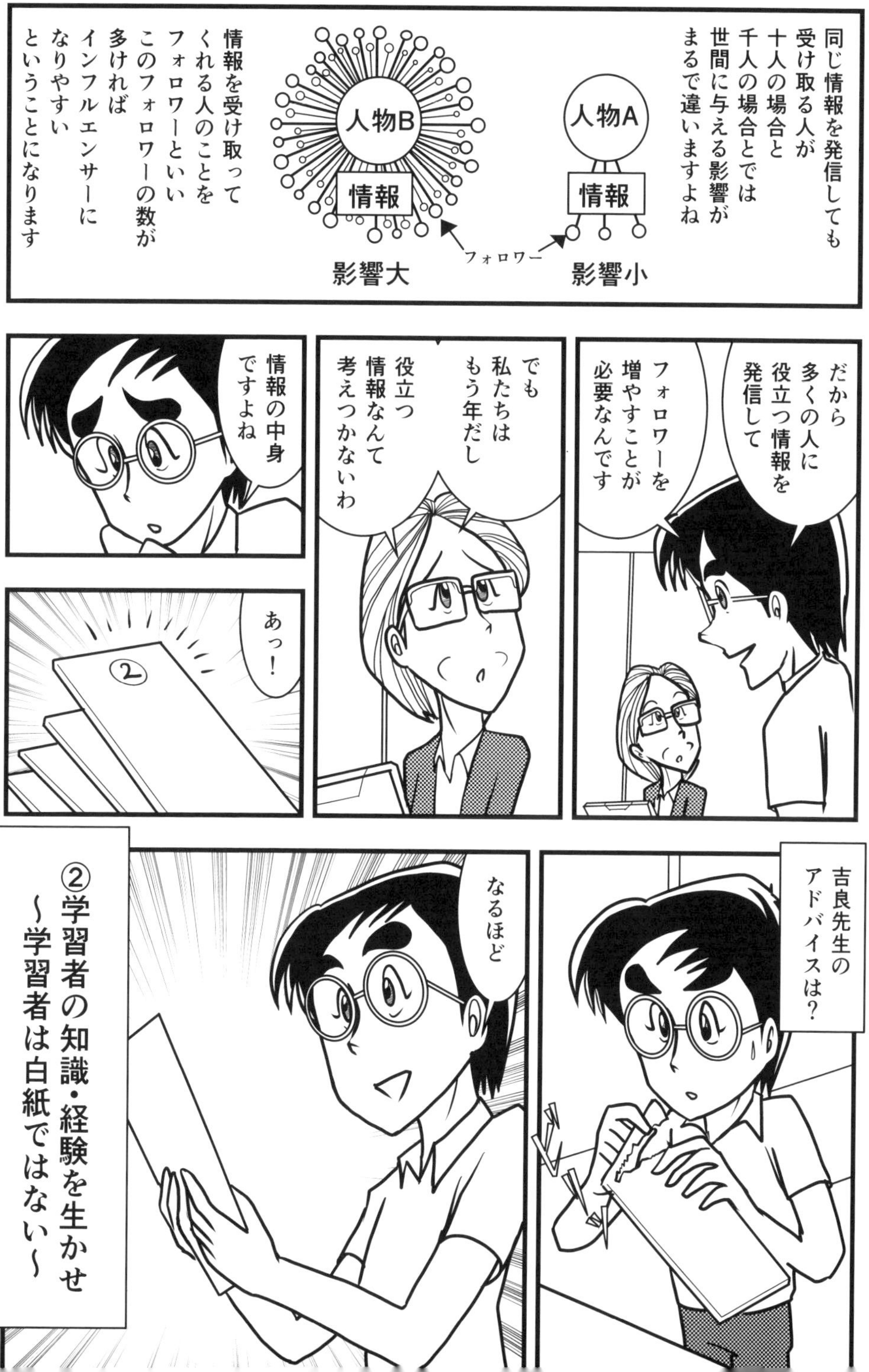
同じ情報を発信しても
受け取る人が
十人の場合と
千人の場合とでは
世間に与える影響が
まるで違いますよね
人物A
情報
影響小
フォロワー
人物B
情報
影響大
情報を受け取って
くれる人のことを
フォロワーといい
このフォロワーの数が
多ければ
インフルエンサーに
なりやすい
ということになります
だから多くの人に役立つ情報を発信して
フォロワーを増やすことが必要なんです
でも私たちはもう年だし役立つ情報なんて考えつかないわ
情報の中身ですよね
あっ!
②
吉良先生のアドバイスは?
なるほど
②学習者の知識・経験を生かせ
~学習者は白紙ではない~

皆さんが好きでやっていることを教えてください
私は散歩と写真理科の教師だったから自然が好きなの
私は料理と手芸物作りが好きなんです
わたしゃ趣味はないよ世間に言いたいことはいっぱいあるけどさ
「自然」「物作り」「言いたいこと」
たしかに知識や意欲は豊富にある
どうしたらいいですか？吉良先生
③
③役割を決めて協働できるようにせよ～相互作用が生じる対話を仕組む～
「役割」と「協働」か
それをこのメンバーでやるとすれば・・・
SNSの特性を組み合わせてみては
Facebook
Twitter
Instagram
LINE
写真が中心のインスタグラムメンバー間のやりとりがしやすいフェイスブック発言が広がりやすいツイッター
よし！

それぞれの役割を決めますね
印手さんは自然の美しい写真を撮影してインスタグラムに投稿してください
阿亜斗さんは料理や手芸作品の写真と作り方をフェイスブックに投稿してください
粒屋木さんは言いたいことを思いっきりツイッターに投稿してください
そんな自分の趣味みたいなことでいいんですか?
ええ
それぞれが得意な分野で情報を発信すればそれに関心のある人達がつながりはじめます
さらにおたがいに協力して情報を拡散し合ってフォロワーを増やしていくんですメンバーのやりとりはラインを使うと早いです
Facebook
LINE
Twitter
Instagram
まだピンとこないけど
自分の得意なことを発信すればいいんですよね?
わかったから操作の仕方を早く教えてよ
はい!

校長室
取り組んでほしいことというのは
学習評価のことなの
学習評価
学習評価?
学習指導要領に「学習評価の充実」ってあるじゃない?
あっ・・・
そうなんで・・・
はい
書いてありました
えっ?
このまえ読んでいたんです
学習指導要領には次のように書いてあるのよ
「生徒のよい点や進歩の状況などを積極的に評価し、学習したことの意義や価値を実感できるようにすること。」※

※中学校学習指導要領(平成29年告示)

「評価の場面や方法を工夫して学習の過程や成果を評価し」
学習の過程や成果
「指導の改善や学習評価の向上を図り」
「資質・能力の育成に生かすようにすること」
と書いてあるけど
現実的には定期テストの結果や生徒の作品だけで評価していることが多い気がするの
ドキッ
だから学習評価が充実するよう
授業の工夫をしていただけないかしら
わ・・・わたしもですか?
もちろんです
学習評価の充実・・・

大人の学びカフェ
案外と簡単ですね
フリック入力だと指一本で文章が書けるし
入力予測機能も便利だわ
ペンでも文章が入力できるんだねー
みなさん4つのSNSのアカウントをもっていますから
仲間の投稿には必ず反応してシェアやリツイートしてくださいね
あっ印手さんがインスタに写真をアップしてる！
コメント書いちゃおう
これって楽しいんだけどただ続けるだけでいいのかしら？
そ…そうですね
そうか目的があるからこそ単なるコミュニケーションだけでは飽きたりないんだ
4番目の封筒には…
フォロワーを何人増やせば町を救えるんだい？
何が書いてある？

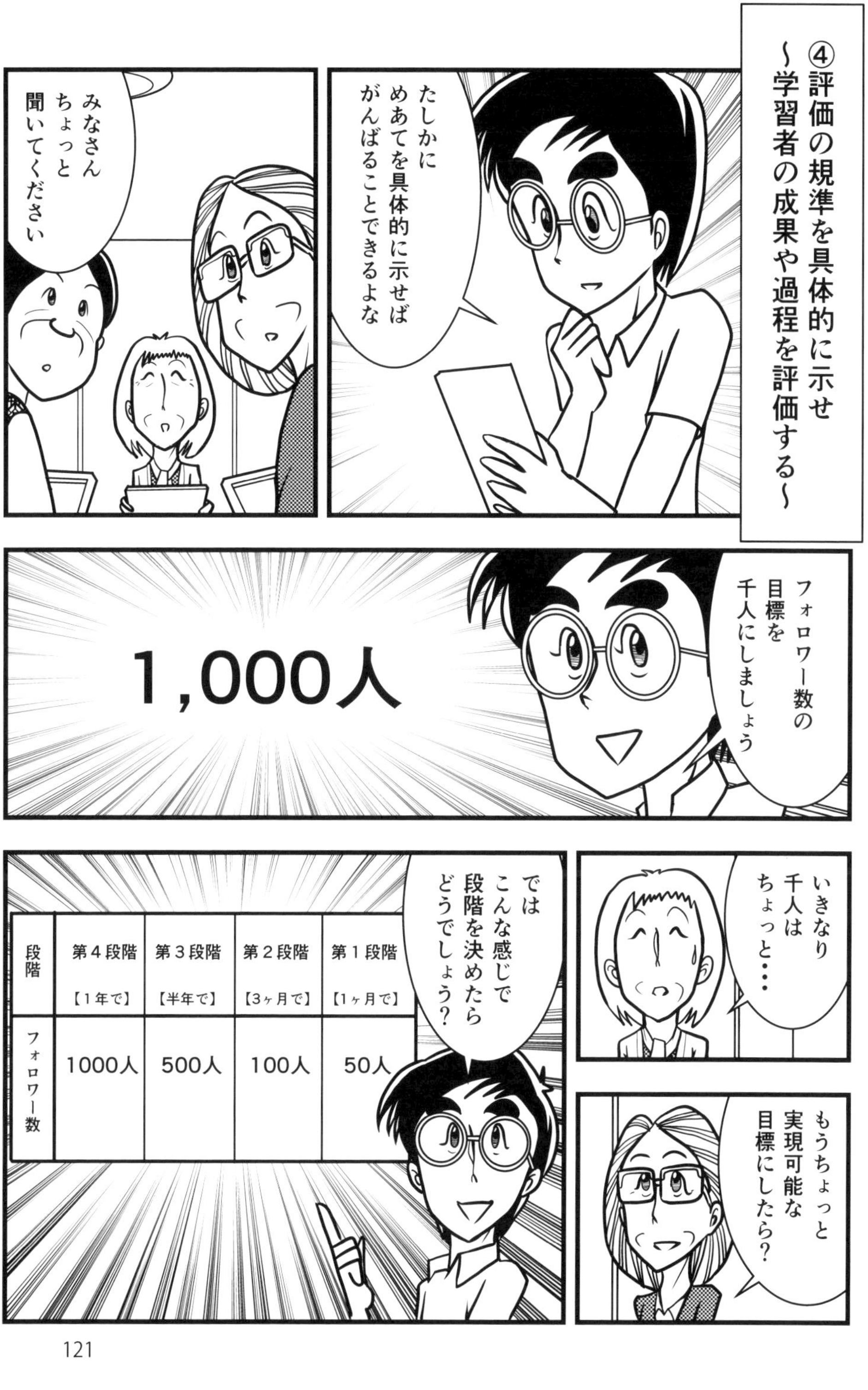
④評価の規準を具体的に示せ
～学習者の成果や過程を評価する～
たしかにめあてを具体的に示せばがんばることできるよな
みなさんちょっと聞いてください
フォロワー数の目標を千人にしましょう
1,000人
いきなり千人はちょっと・・・
もうちょっと実現可能な目標にしたら？
ではこんな感じで段階を決めたらどうでしょう？
段階	第４段階【１年で】	第３段階【半年で】	第２段階【3ヶ月で】	第１段階【1ヶ月で】
フォロワー数	1000人	500人	100人	50人

50人だったら できそうだね
よし まずは 第一段階！
あら もう こんな 時間だわ 終わり ましょう
楽しかった わねー
最後の封筒には 何が？
あれっ？ このまま 終わって いいのかな？
⑤
⑤学習者自身の成果と課題を明らかにせよ ～学んだ内容と方法を振り返る～
そうか！
みなさん 帰る前に・・・
学んだ内容と 自分の学び方を 振り返ってください

タブレットが使えるようになりましたね
SNSも使えるようになったからこれからが楽しみだね
わたしはちょっと反省しました
年をとることに対してマイナスのイメージがあって・・・
私たちはもう年だし・・・
でもICTを使えて仲間がいればもっと何かができるような気がします
高齢者だからできないと考えるんじゃなくて
高齢者だからこそできることを考えると
自分の「価値」を発見できることを学びました
ありがとう音無さん森炎くん
こんなすてきな学ぶ場所を作ってくれて

美術準備室
というわけでタブレットを使った町のPRポスターはOKになったんだけど
学習評価の充実が宿題になっちゃったの
でも自分の授業を新しくするための勉強だと思って
前向きに取り組むことにしたの
全ての子どもたちに美術を学ぶ意義や価値を実感してほしいから
学ぶ意義と価値・・・
ところで昨夜の「大人の学びカフェ」は好評だったの？
はい
吉良先生が作ったこのマニュアルには5つの封筒が入っていて
困ったら順番に開けていくんです
まるで吉良先生には先の展開が見えているみたいに感じました

5枚のカードをならべてみるとこうなります
①学習者にミッションを与えよ～授業者は自らの志を語れ～
②学習者の知識・経験を活かせ～学習者は白紙ではない～
③役割を決めて協働できるようにせよ～相互作用が生じる対話を仕組む～
④評価の規準を具体的に示せ～学習者の成果や過程を評価する～
⑤学習者自身の成長と課題を明らかにせよ～学んだ内容と方法を振り返る～
森炎くん これよ・・・・
これだわ・・・・
えっ?
このカードを使えば
新しい授業ができる!

解説6

学習者の視点

吉良先生が森炎くんに送った5枚のカードの内容を要約すると次のようになります。

1　学習者の目的意識を高める
2　学習者の知識・経験を生かす
3　学習者による相互作用を起こす
4　学習者のための評価規準を示す
5　学習者の成長と課題の振り返りを行う

つまり吉良先生は、次のことを示しているのです。

教える側の視点に立つのではなく、学習する側の視点に立って考えなさい

この視点の転換は極めて重要です。教える側はついつい教える内容のほうに目が向いてしまい、学習する側ができるようになるのかという意識が薄くなってしまうからです。

◉教える側から学習する側へ

中央教育審議会は「学習指導要領等の枠組みの見直し」として次のように述べています。※

各学校において教育課程を編成するに当たっては、まず学習する子供の視点に立ち、教育課程全体や各教科等の学びを通じて「何ができるようになるのか」という観点から、育成を目指す資質・能力を整理する必要がある。

「まず学習する子供の視点に立」つことが重要視されていることが分かります。教える側の視点だけで教育活動を考えていては、資質・能力は育ちにくいからなのです。

私自身も教師になってしばらくは「どのように子供たちに問いかけて指示をすれば授業が成立するだろうか」という教える側の視点で授業を考えていました。その頃の授業は、手を挙げて発言した子供たちの意見だけで展開されていくので一見スムーズに見えます。授業記録も「教師の言葉」と「子供の発言」で記載されることが多く、発言していない子供の状態は曖昧なままでした。

しかし、実際にはよく分かっていない子供たちもいたはずです。多くの学校で当然のように行われている「手を挙げた子供だけが発言していくというタイプの授業」も一人一人の子供たちの視点で見直してみる必要があるではないでしょうか。

※　中央審議会教育課程部会「次期学習指導要領等に向けたこれまでの審議のまとめ」平成28年、18ページ

60歳を過ぎると、人生はどんどんおもしろくなります。

若宮正子
（新潮社）

著者の若宮正子さんは、82歳という高齢でありながら、iPhoneのゲームアプリを開発した人物として世界的に有名になった方です。本書は、著者が自分自身のユニークでバイタリティ溢れる生き方について語ったエッセイになっています。

著者は、未来はAI（人工知能）が発達していくからこそ、ますますそれを使う人間力が問われる時代になっていくと主張します。そして、新しいコンピュータやシステムの世界を怖がらずに味方にしていきましょうと訴えかけるのです。新しいテクノロジーへの好奇心や、それを活用して人々とつながることを大切にしている著者の考え方には、学ぶところが多くあります。

こうした著者の生き方や考え方に触れると、歳を重ねることが楽しみになってきます。高齢化社会を前向きに生きるために多くの方々に読んでもらいたい本です。

第7章

学習評価の充実

相互評価と自己評価

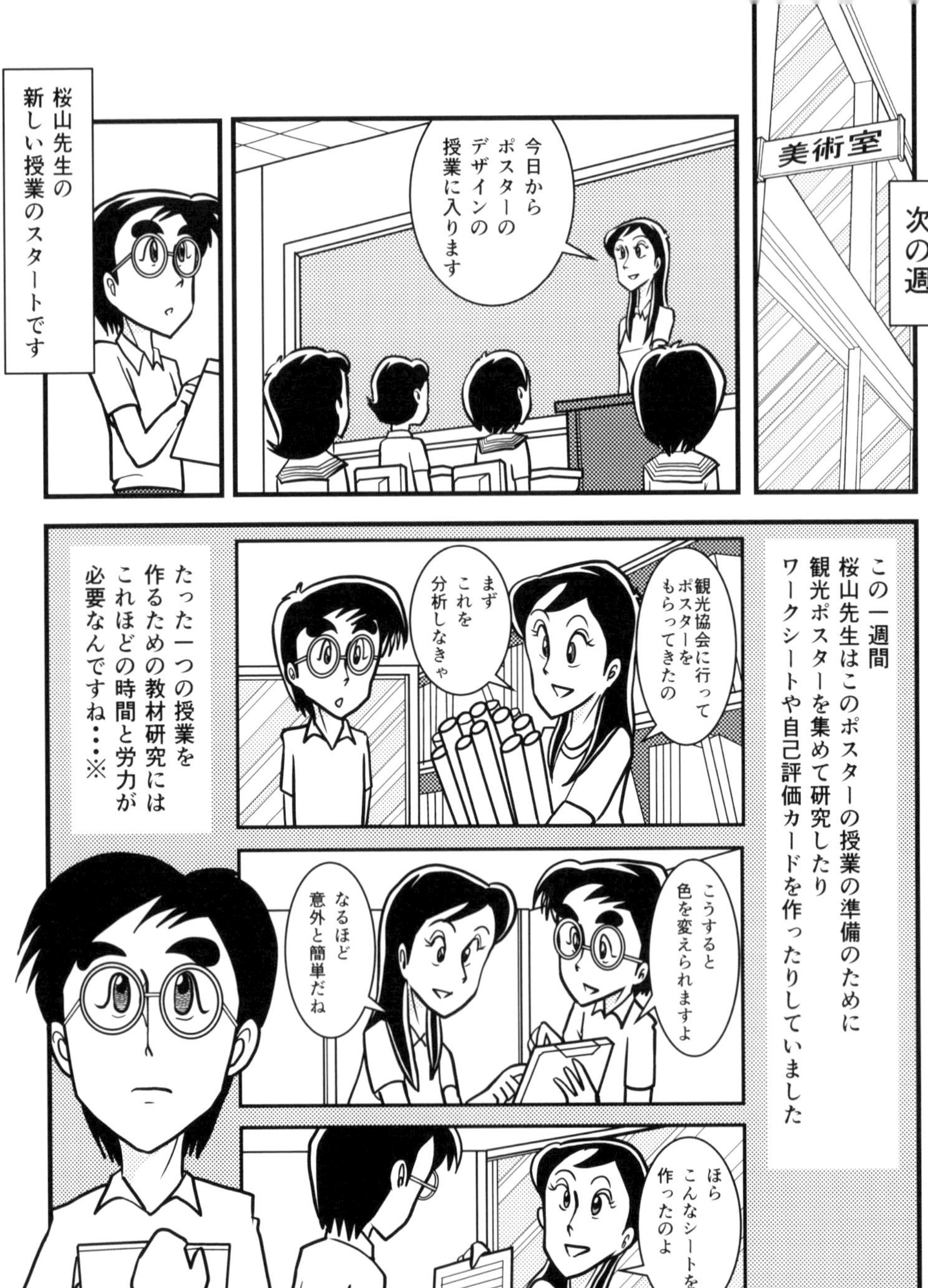

※教材研究＝教師が授業を行うために、内容を深く理解したり、指導方法を検討したり、技能を向上させたりして授業の研究を行うこと

今年度のポスターのテーマは
「この町のPRをしよう」です
町のPR？
都市部から離れたこの薬苑町ではスポーツイベントをやったりして町を盛り上げようとしています
しかしこの町の良さは他にもいっぱいあると思うんです
この町の良さをPRする本物のポスターを作って
多くの人たちにこの町の良さを知ってもらえれば多くの人達が訪れるはずです
学習者にミッションを与えよ

オレが作ったポスターも貼られるんですか?
ええ 二年生50人分のポスターは全て貼ります
公民館や郵便局銀行など多くの人が来るところに貼ってもらう予定です
昨年度までは入賞した作品しか貼ってなかった
しかも校内に貼ってもポスターとしての役割は果たせない
だから今年は全員がホンモノのポスターを作るんです
そして私自身もこの町の良さを十分には知らないの
だからみんなと一緒に学びたいと思っています
授業者は自らの志を語れ
そうか
授業者もまた学び手なんだ

※上段：知識・技能、中段：思考力・判断力・表現力、下段：学びに向かう力・人間性の涵養

グループで
ベスト1のポスターを選んで
発表してください
その理由もつけてね
発表のための準備の時間は25分です
えーっ
25分しかないからさ
まず個人でベスト1を探してその中から一つを選ばない？
わかった！
教師が良いサンプルを教えるんじゃなくて
子どもたちが見つけられるようにするんだ

「観光ポスター」で検索したらすごいのが見つかったよ
ぼくは「郷土のポスター」でやってみた
駅に貼ってあった北海道のポスターもよかったわよ
学習者の知識・経験を活かせ
よし一枚選んだぜ
ぼくも
じゃあ比べてベスト1を決めようよ
あっ！
タブレット単体で使っていると気が付かなかったけど
タブレットを並べると
情報の比較がやりやすいんだ

奈毛君は どうして この作品を 選んだの？
うーん なんとなくね
なんとなくじゃ ダメだよ 理由を 説明しないと
オレが選んだ 作品って 青が多いなあ
空の青 さわやかな感じ
文字の色も 白だったりして
青と白の 組み合わせが 効果的だ
色が与える 影響って 大きいよね
さわやかな 青い空や 青い海って なんだか 行きたく なる
みどり色も多いよ 自然をイメージできる からだと思う
音無さんの意見も 聞かせてよ
あっ ごめんね
わたしが なんで この作品を選んだのか というと

このキャッチコピーすてきだと思うの
新しい自然が見つかる！
「新しい自然」って何かな？と思うでしょ
本当だ
人物の形も印象的だ
すてきなポスターだよね
この音無さんのをベスト1にしようよ
わたしがポスター全体の説明を考えるね
わたしはキャッチコピーの説明をするわ
じゃオレは色について
役割を決めて協働できるようにせよ
相互作用を生じる対話を仕組む
こうやってわざと色の無い画像を使って比較したらどうかな？
色の効果が一目で分かるね
奈毛君すごーい！
そうかみんなでアウトプットするから話し合うんだ

あっ
ミカドアゲハだわ
きれいだから写真に撮って
インスタグラムにアップ！
なかなかうまくできたぞ
ヒカリちゃんよろこんでくれるかなあ
届ける前に撮影して

フェイスブックにアップ!
ひ孫の誕生祝いに
ケーキを作りました
あら
またケーキ屋さんから友達申請がきてるわ
今年のゆるキャラグランプリは
まだゆるキャラにたよってんのかい
もう飽きたよ
ツイッターにツイート!
ゆるキャラにたよらずに
その地域の特性を
アピールした方がいいよ
78歳のおばあちゃんより
言いたいことを言えるというのは気持ちいいねえ
さて洗濯物を干してこようっと
通知
YOさんが
あなたのツイートを
リツイートしました
ゆるキャラにたよらずに
その地域の特性を
アピールした方がいいよ
78歳のおばあちゃんより

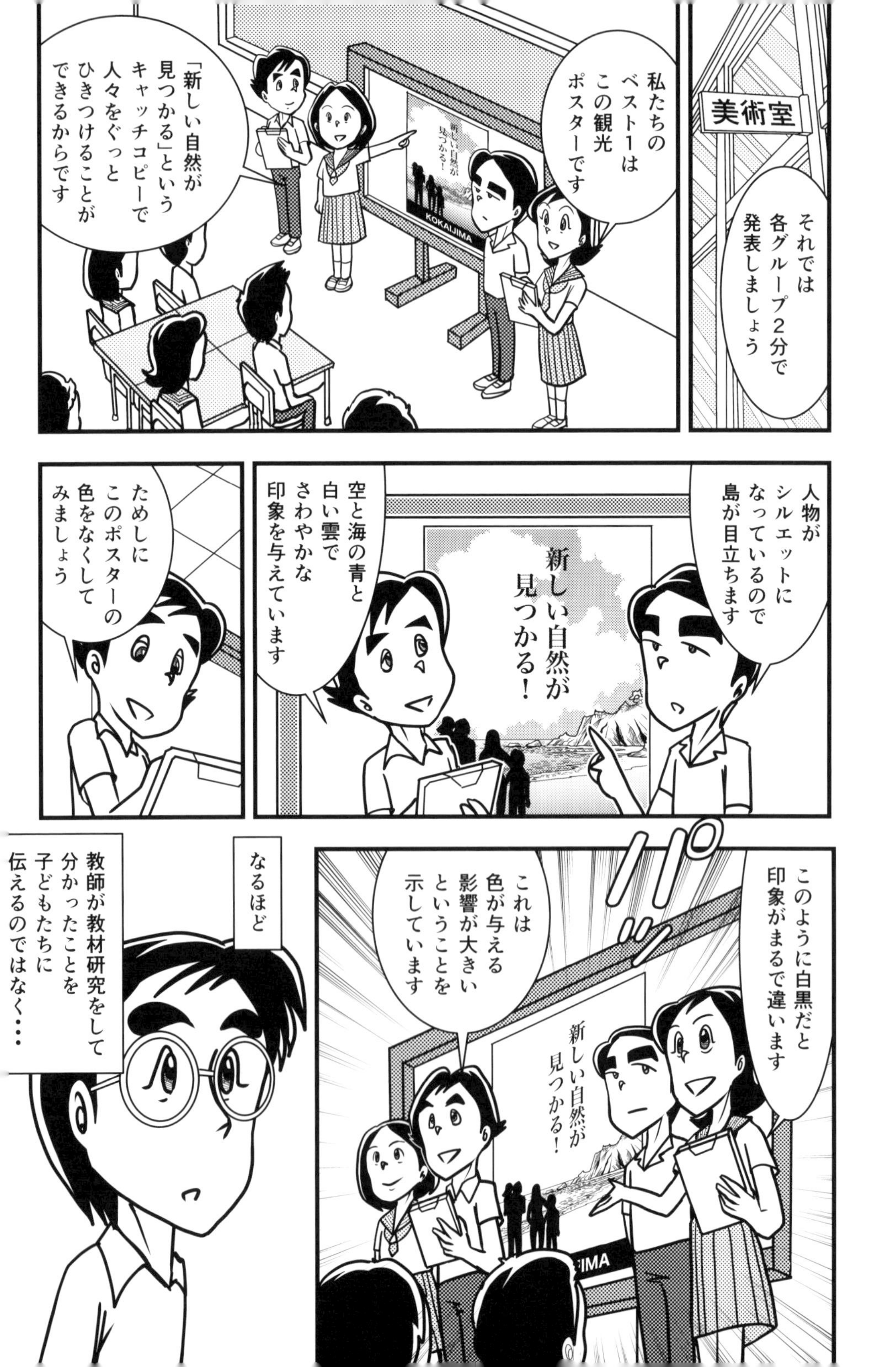
美術室
それでは各グループ2分で発表しましょう
私たちのベスト1はこの観光ポスターです
「新しい自然が見つかる」というキャッチコピーで人々をぐっとひきつけることができるからです
新しい自然が見つかる！
KOKAIJIMA
人物がシルエットになっているので島が目立ちます
新しい自然が見つかる！
空と海の青と白い雲でさわやかな印象を与えています
ためしにこのポスターの色をなくしてみましょう
パ
このように白黒だと印象がまるで違います
これは色が与える影響が大きいということを示しています
新しい自然が見つかる！
なるほど
教師が教材研究をして分かったことを子どもたちに伝えるのではなく…

学習者の成果と過程を評価せよ
優藤さんたちの気づきです
色
・色で印象が変わる
・組合せの効果
形
・シルエットによる強調
・「？」と思わせる
言葉
・キャッチコピー
色や形などの効果によく気づきましたね
グループ内でもしっかりと対話して見方を深めていました
教師が教材研究したその学習プロセスを子どもたちに体験させ気づかせていくんだ
そのときに子どもたちは学習者になっていく！
これが授業なんだ！
みなさんすばらしい発表でした
今日学習したことや自分たちの学習方法を振り返って自己評価してみましょう

学習者自身の成長と課題を明らかにせよ
今日はみんなよく意見を出せたよね
奈毛君のカラーをモノクロにするというアイデアはよかったね
デジタルは好きだからね
音無さんはどう思うの?
わたしさあふだんはあまり発言しないけど
爪込君が何度も私に聞いてくれるから言いやすかった
ぼ…ぼくは
評価基準表に「積極的な対話」って書いてあったから…
てれなくっていいよ
「聞く」っていうことも大切だということがわかったから
爪込君ってけっこういい人だよね
一緒にできて楽しかった

学んだ内容と方法を振り返る
今日学んだことをタブレットに文章で入力して「提出箱」に送信してください
カタカタ
カタカタ
カタカタ
パパ
パパ
パパ
パパ
音無 静香
みんなでベスト1を選んでいるとポスターの大切なことが見えてきた。特に色の組み合わせは重要だ。
爪込君が私の意見を聞いてくれたので、とっても話しやすかった。
優藤 秀美
色によって人間に与える印象が異なる。また、言葉によって写真の意味が違って見えることも実感できた。
意見を言うだけではなく、相手に聞くことも大切であることを爪込君から学ぶことができた。
奈毛 槍男
写真だけではなく言葉も重要だ。ポスター制作は言葉もしっかりと考える必要がある。
爪込君が音無さんの意見をよく聞いていた。次は、ぼくも人の意見を聞くようにしたい。
爪込 勉
ポスターのデザインは相手の注意をひくことが重要だ。
印象に残る写真や言葉を検討することで良いものになる。「積極的対話」が必要であることが分かった。

キーンコーン
カーンコーン
ワイワイ
ガヤガヤ
ワイワイ
ガヤガヤ
美術室
来週は
町の中を歩いて
写真を撮影します
三、四時間目は
二年二組だから
はい
桜山先生
奈毛君
どうしたの?
今日の授業
おもしろかったです
あ・・・
ありがとう・・・

じゃ
うん
吉良先生
学校現場に入ってみて
はっきり分かった
ことがあります
教師の仕事は
思った以上に奥深く
たとえ
忙しいとしても・・・
決して
ブラックなんかじゃ
ないということです

解説7

学習評価の充実

小田校長先生は、桜山先生と竜南先生に学習評価が充実するように授業の工夫をするよう指示しました。評価といえば定期テストや通知表を思い浮かべる人も多いのではないでしょうか。しかし、評価にはもっと多くの意味があり、教育活動を行う上では重要な役割を果たします。

たとえば、水泳指導で考えてみましょう。指導の初めの段階で泳力調査を行い、個々の子供たちの状態を把握するための評価を「診断的評価」といいます。それから指導の途中段階で、バタ足が上手になってきたことを褒めたり呼吸動作がまだ不十分であることを伝えて本人に意識させたりすることを「形成的評価」といいます。そして指導の最後の段階で、それぞれの子供たちが最終的にどの程度泳げるようになったかを評価することを「総括的評価」といいます。

定期テストなどのペーパーテストは、まさに総括的評価の代表ですが、それだけでは、資質・能力の三つの柱を育成することは難しいと言えます。話し合いや発表、作品の制作などの学習活動を行う過程で一人一人にどういった力が身に付いたのかを的確に捉え、教師自身が指導の改善を図るためには、形成的な評価を積極的に行う必要があるのです。

◉相互評価と自己評価

子供たち同士がお互いのよさを認め合ったり課題を指摘し合ったりすることを「相互評価」といいます。また、自分が何を学んだのか、自分の学び方はどうだったのかを振り返ることを「自己評価」といいます。新学習指導要領では「学習評価の充実」として次のように述べられています。※

また、教師による評価とともに、生徒による学習活動としての相互評価や自己評価などを工夫することも大切である。相互評価や自己評価は、生徒自身の学習意欲の向上にもつながることから重視する必要がある。

桜山先生は授業のはじめに資質・能力の三つの柱に添った形で評価の規準を示しています。そして、子供たちは自分たちの知識や経験を生かし、新たな情報を取り入れながら協働して問題を解決していきました。その中で積極的に対話を繰り返しながら学習を行っています。評価規準の中に「人と積極的に対話し、見方を深める」というものがあるからです。

そして最後の振り返りの場面で子供たちは、奈毛君の色彩に関するアイデア（学習内容）や爪込君の尋ね方（学習方法）といったそれぞれのよさを認め合います。そうした評価活動は、子供たちの学習意欲を高めるとともに、子供たち自身に評価の意味とその良さを実感させることができるのです。

※　文部科学省「中学校学習指導要領解説　総則編」平成29年、91ページ

知ってるつもり 無知の科学

スティーブ・スローマン＆フィリップ・ファーンバック

（土方奈美訳、早川書房）

認知科学者である二人の著者が、様々な分野の研究成果を総動員して人間の「知ってるつもり」の正体を説き明かし、知性の本質に挑んだ本です。

著者は、われわれ人間は知能を個人にあるものだと錯覚しやすいが、知能は個人ではなくコミュニティに属するものだと説きます。そして、有能な集団に必要なのは、異なる能力を持った人がバランスよくいることだと結論づけます。

さらに、学習とは単なる新たな知識や能力を身につけることではなく、他者と協力する方法を学ぶことであり、自分に提供できる知識と他者から埋めてもらわなくてはならない知識は何かを知ることだと主張するのです。

こうした考え方は、今まさに必要とされる協働的な学びの根拠となるものであり、教育関係者にとっての必読書だと言えましょう。

第8章

問題発見・解決能力

持続可能な社会づくりの担い手を育む

2年1組
一週間後
比喩表現には直喩と暗喩があって…
テストに出やすいから覚えておけよ
比喩
直喩
暗喩
たとえば…
起立
礼
なんだか楽しそうだな？
ワイ
ワイ
ワイ
ワイ
次の時間美術なんです
そ…そうか…

それでは町をPRするための写真撮影に出かけます
人物や店を撮影するときは必ず許可をとって下さい
ねえねえ私たちどこから行く?
そうだなあ観光スポットとか?
薬苑橋とかいいんじゃね?
有名だし
いいねえ
ではそうしよう
気をつけて行きなさい
そして子どもたちは自分たちの町の取材へ行きました
一体どんな写真を撮ってくるのでしょう
ワイ
ガヤ
ワイ
ガヤ
ワイ
ワイ

薬苑橋
ザァァァァ
うーん
観光スポットって・・・
あらためてPRしようと思うとイマイチだよね
観光ガイドで紹介されてる場所だから
新鮮さに欠けるんだろうね
ザァァァァ
ザァァァァ
まだ知られていない場所の方がいいね
商店街に何かあるかも？
商店街？
そういえばお父さんが「大人の学びカフェ」というのを始めたの
それおもしろそうじゃん
行ってみようよ商店街へ
ザァァァァ

なんだか久しぶりだね商店街
子どもの時はよく来てたんだけど・・・
シャッターが閉まっている店が増えてるなあ
子どもの時に行ってたおもちゃ屋さんもなくなってる
うちは最近イータウンに行くことが多いから商店街に来なくなったよ
コラ！静香のことも考えて発言してよ！
いいよ本当のことだから
でも本当にどうなっていくんだろうねこの商店街
ぼくたちが大人になった時
あるのかなあ
本日をもちまして当店舗を閉店させて頂きます

大人の学びカフェ
ここ？大人の学びカフェ？
何を学ぶの？
大人の学びカフェ
こんにちは
おやまあ
ずいぶん若い仲間がきましたね
こんにちは
わー！すごーい！何をやってるんですか？
わたしはインスタグラムに写真のアップ
わたしはフェイスブックにケーキと手芸の仲間を作ったの
わたしゃツィッターで好き勝手につぶやいているのさ

アーティストの
YOさんから
フォローされてる!
だれだい
そりゃ?
あら
奈毛さんところの
槍男くん
じゃないの?
大きく
なったねえ
おばあちゃんは
お元気?
うちの
ばあちゃんは
足が悪くなってさあ
手押し車がないと
歩けないんだけど
それでも
買い物にだけは
毎日出かけて
行くんだよね
商店街の人たちと
話をするのが
楽しみなんだって
だから
商店街がなくなると
困るんだなあ
あっ!
そうだ!
おばあちゃん
たちに
お願いが
あるんだけど

町をPRするための
ポスターの
モデルになってよ
モデル?
おばあちゃんたちが
楽しそうに
ICTを学んでいる
ポスターがあれば
うちの
ばあちゃんだって
参加すると思うんだ
協力
しましょうか?
高齢者
だからこそ
できること
ですよね
念入れて
化粧して
おけば
よかったよ
年をとっても
こんなにできるん
だってところを
見せつけちゃい
ましょうよ
はーい
撮りまーす
笑って!
さーん
にー
いーち
パシャ
はい
チーズ!
わ!
74歳
82歳
78歳

大人の学びカフェ
じゃ 気をつけてね
ありがとうございました
この町のPRになるような店を他に知りませんか?
そうねえ
あっ それなら
竹細工の岩個さんの店がいいよ
あそこの竹細工は一級品だから
ありがとうございます
今から行ってみます
大人の学びカフェ
大人の学びカフェ
大人の学びカフェ?
中学生が何をしにきてるんだ?
また音無さんか・・・
まちづくり協議会を通さずに勝手なマネを・・・

岩個竹細工店
ここだよね竹細工の店
前から知ってたけど
入るのははじめて
こんにちは
なんだ中学生か?
そう言やぁ学校から何か案内が来てたな
竹細工職人
岩個《がんこ》 厳三《げんぞう》(74)
ポスター用の写真を撮らせてもらってもよろしいですか?
かまわんが中学生は竹細工なんか興味ないだろ?
いいえ美術の時間に学習しました
日本の伝統工芸は世界に誇れる芸術だって
美術の時間に?
芸術だって?
あーっ!

すごーい！
これ岩個さんが作ったんですか？
そいつはオレの趣味だ
売り物じゃねえ
す・・・すげー
今にも動き出しそう・・・
昆虫の種類もいっぱい・・・
これインターネットで通信販売すればめっちゃ売れるよ
何？
通信販売だと！

実物を見ないでモノの価値が分かるか！
ほしけりゃここまで買いに来い！
インターネットなんかくそくらえだ！
岩個竹細工店
あ…ありがとうございました
あーこわかった…
今どきインターネットを使わないなんて時代遅れだよな
そうかなあ
わたしは岩個さんが言っていることが分かる気がする
実物を見ないと本当の価値は分からない

確かに実物を見たいと思わないと町のPRにはならないわよね
あっ!
山のふもとに「ふるさと学舎」っていう昔の小学校跡があるのよ
一階が喫茶店で二階が集会場や遊び場
わたしが幼稚園に行ってた頃家族とよく遊びに行ったわ
運動場が広くて走れ回れるの
わたしもよく行ったわ
あそこはPRできるよ!
行ってみようよ
ふるさと学舎へ

ここからの眺めは最高だよね
パシャ
パシャ
だよねー
川の水は澄んできれいだし
パシャ
パシャ
秋になると紅葉でまっかになるし
自然はこの町の宝だと思うよ
パシャ
だけど・・・
ぼくは
この町を出たい

大学は工学部に行って
エンジニアになってロボットを作りたいんだ
奈毛君はプログラマーに優藤さんはデザイナーになりたいって言ってたよね
音無さんは本屋さんを継ぐのかい?
みんなこのままここにいたら夢はかなわないんじゃないか?
いつかは出なくちゃいけないんだよこの町を

あれ
道に迷ったかな?
こんなに
山奥だったかなあ・・・
えっ
こ・・・
こんなん
だったっけ

バサッ
バサッ
カカ
ふるさと学舎

解説8

問題発見・解決能力

漫画の中で子供たちは、自分たちの町のよさをPRするポスターを作るために商店街を歩き回ります。そして、シャッターが閉まった店の多さに驚き、町が少しずつ衰退していることを実感していくのです。一方、おばあちゃんたちが生き生きとICTを学び合う姿や竹細工職人が作り上げる見事な作品には感銘を受けることになります。観光スポットという「場所」ではなく、生き生きと働く「人間の姿」にこそ、新たな価値を見いだしたからでしょう。

しかし、子供たちは自分たちの町を愛しながらも自分の夢を叶えるためには町を出ていかなくてはならないという矛盾にも気づきます。また、昔の小学校を再利用して作られた「ふるさと学舎」は廃墟と化し、地域再生の難しさを目の当たりにした子供たちは立ちすくんでしまいます。人口減少時代を迎えた日本にとって、こうした過疎化の問題はどこの地域でもあるのではないでしょうか。

このような社会とのつながりのある体験活動は、子供たちが様々な問題を発見するための機会となります。それは、与えられた問題を解くという問題解決能力を高める学習ではなく、自らの力で問題を発見して解決策を考えていくという問題発見・解決能力を高めていく学習となっていくのです。

◉持続可能な社会づくりの担い手を育む

中央教育審議会は「二〇三〇年の社会と子供たちの未来」として次のように述べています。※1

特に、自然環境や資源の有限性等を理解し、持続可能な社会づくりを実現していくことは、我が国や各地域が直面する課題であるとともに、地球規模の課題でもある。子供たち一人一人が、地域の将来などを自らの課題として捉え、そうした課題の解決に向けて自分たちができることを考え、多様な人々と協働し実践できるよう、我が国は、持続可能な開発のための教育（ＥＳＤ）※2に関するユネスコ世界会議のホスト国としても、先進的な役割を果たすことが求められる。

「持続可能な開発のための教育」とは、現代社会の課題を自らの問題として捉え、身近なところから取り組むことにより、それらの課題の解決につながる新たな価値観や行動を生み出すこと、そしてそれによって持続可能な社会を創造していくことを目指す学習や活動とされています。つまり、持続可能な社会づくりの担い手を育む教育です。

人口減少や高齢化の問題、エネルギーや環境の問題、防災対策など現代的な諸課題に対する正解はなく、すぐには解決できないものばかりです。だからこそ、豊かな人間性を育むための教育の果たす役割は極めて大きいと言えるのです。

※1　中央審議会教育課程部会「次期学習指導要領等に向けたこれまでの審議のまとめ」平成28年10ページ
※2　Education for Sustainable Development の略

WE ARE LONELY, BUT NOT ALONE.

現代の孤独と持続可能な経済圏としてのコミュニティ

佐渡島庸平

（幻冬舎）

『君たちはどう生きるか』『宇宙兄弟』『ドラゴン桜』などを仕掛けた、メガヒット編集者である佐渡島庸平さんによるコミュニティ論です。

佐渡島さんは、今までの教育では正解のある問題を与えられ、それを解くことが習慣づけられてきたと説きます。しかし、今、問題解決型ではなく問題発見型の教育システムに変わる過渡期にきているのだと主張します。

佐渡島さんが発する一つ一つの言葉は胸に突き刺さります。特に「どこかに問題を押し付けても、何も解決しない。過渡期に、何をするかは、自分次第なのだ。」や「ネットは、弱いものに力を与える。」といった言葉は、本書『まんがで知る 未来への学び』を構想するための大きなきっかけとなりました。インターネット時代のコミュニティの在り方と自己の生き方を考える上でも、多くの方々に読んでもらいたい一冊です。

◇あとがき

私は、熊本市内にある商店街の魚屋の長男として生まれました。自宅と店は離れた場所にあったのですが、親に連れられてその商店街にはよく行っていました。当時、うちの魚屋の真正面に小さな本屋さんがあり、その本屋さんで本を読むことが、私にとっての大きな楽しみでした。

小学生の頃、父がその本屋さんから『なぜなぜ理科学習漫画』（集英社）という学習漫画の先駆けとも言える全十二巻の本をセットで買ってきてくれました。私はその学習漫画をぼろぼろになるまで一日中読みふけっていたことを覚えています。また、中学生の頃は、自分で『学習漫画 日本の歴史』（集英社）を買ってきて受験勉強をしました。そう考えると、私はその本屋さんのおかげで、本が好きになり、漫画で学習することの魅力を感じるようになっていったのだと思います。

しかし、いつの頃か、その小さな本屋さんはなくなっていました。

現在、ネット通販、電子書籍、人口減少、店舗の大型化といった様々な要因で、地方の書店が激減しており、商店街そのものも危機に瀕しています。本書に登場する薬苑町のような地域は日本の様々な所にあり、社会の急激な変化による問題として顕在化してきているのです。

これから先の未来は、大人も子供も先行き不透明な時代を生きることになります。そうした時代を生き抜くためには、決められた問題を決められた方法で素早く正解を出すという従来型の学力だけでは対応できません。自ら問題を発見し、自ら問いを立て、自ら情報を集め、様々な知識や技能をもった人々と協働して問題を解決していくという「資質・能力」が必要とされるのです。昭和の頃の高度成長期はとっくの昔に終わっています。その頃の価値観のままで教育を行っていては時代に取り残されてしまうのは明らかであり、教師に限らず保護者も地域社会も自らの価値観をアップデートさせて教育を行わなければならない時が来ていると言えましょう。

熊本市では、小中学校に約二万四千台のタブレット型端末が導入されることになりました。児童生徒用はもちろんですが、教師や教育委員会の指導主事にも配布されるのです。そんな中、私は四十代・五十代のベテラン教師向け研修の講師を熊本市教育センターから依頼されました。そこで私は「タブレット型端末で授業観をアップデートする」というテーマを企画しました。「教師がどのように教えるか」ではなく、「学習者が自ら学ぶ」という学習者側に立った授業づくりの内容にしたわけです。するとどうでしょう。土曜日の希望研修であったにも関わらず、百人以上のベテラン教師が申し込み、一番大きな研修室が満席となったのです。各教科等研究会の講師や助言者などを務める実力派の教師も多く参加してくださっていました。実力派の教師だからこそ自らを変化させようという気持ちが強いのかもしれません。学校で導入されるタブレット型端末は単なる情報機器ではなく、新しい教育の在り方をみんなで考えていくための大きなきっかけになるのではないでしょうか。

本書には、様々な学習者が登場します。

黒髪森炎くんは、学校現場で研究を行う教職大学院の学生です。素朴な質問を繰り返しながら、実際に行動することで、自らを成長させようと考える学習者と言えます。

桜山先生と竜南先生は対象的な存在となっていますが、学び方の異なる学習者なのです。全国の中学校の先生方に感謝と応援のエールを送りたいという気持ちから設定したキャラクターです。

まちづくりのために奔走する音無さんは、保護者であり地域社会を創るリーダーでもあります。熱い志をもった活動型の人物であるがゆえに、悩みも多い学習者なのです。

印手さん、阿亜斗さん、粒屋木さん、古井さん、岩個さんは地域社会の高齢者たち。人の役に立ちたいという思いはあるのですが、得意な分野も考え方も異なる学習者たちと言えましょう。

そして、薬苑中学校に通う中学二年生の子供たち。この子供たちは、今後どのような学習を展開し、どのように成長していくのでしょうか。

私自身も、こうした様々な学習者たちの活躍をわくわくしながら考えているところです。

本書を執筆するにあたっては、さくら社の横山験也社長と同社の皆様に、本当にお世話になりました。そして、応援してくださっている多くの方々に深く深く感謝申し上げます。

平成三十一年　二月五日

前田康裕

引用・参考文献一覧

【教育論・学校経営】

苫野一徳著『教育の力』（講談社現代新書）二〇一四年

妹尾昌俊著『先生がつぶれる学校、先生がいきる学校』（学事出版）二〇一八年

内田良／苫野一徳著『みらいの教育　学校現場をブラックからワクワクへ変える』（竹久出版）二〇一八年

工藤勇一著『学校の「当たり前」をやめた。』（時事通信社）二〇一八年

【学習指導・カリキュラム】

文部科学省『中学校学習指導要領』二〇一七年

文部科学省『中学校学習指導要領解説　総則編』二〇一七年

文部科学省『中学校学習指導要領解説　美術編』二〇一七年

国立教育政策研究所著『国研ライブラリー　資質・能力［理論編］』（東洋館出版社）二〇一六年

髙木展郎編著『これからの時代に求められる資質・能力の育成とは　アクティブな学びを通して』（東洋館出版社）二〇一六年

奈須正裕著『「資質・能力」と学びのメカニズム』（東洋館出版社）二〇一七年

東京大学教育学部カリキュラム・イノベーション研究会編『カリキュラム・イノベーション　新しい学びの創造へ向けて』（東京大学出版会）二〇一五年

ＯＥＣＤ教育研究革新センター編著／有本昌弘監訳『形成的アセスメントと学力　人格形成のための対話型学習をめざして』（明石書店）二〇〇八年

石井英真著『今求められる学力と学びとは～コンピテンシー・ベースのカリキュラムの光と影～』（日本標準ブックレット）二〇一五年
大島純／益川弘如編著、日本教育工学会監修『学びのデザイン：学習科学』（ミネルヴァ書房）二〇一六年
秋田喜代美編『学びとカリキュラム』（岩波書店）二〇一七年
森敏昭監修、藤江靖彦／白川佳子／清水益治編集『21世紀の学びを創る　学習開発学の展開』（北大路書房）二〇一五年
三田紀房著『ドラゴン桜2　1～4』（講談社）二〇一八年

【生き方・学び方】

佐渡島庸平著『WE　ARE　LONELY，BUT　NOT　ALONE．現代の孤独と持続可能な経済圏としてのコミュニティ』（幻冬舎）二〇一八年
佐渡島庸平著『ぼくらの仮説が世界をつくる』（ダイヤモンド社）二〇一五年
中原淳著『働く大人のための「学び」の教科書』（かんき出版）二〇一八年
細谷功著『具体と抽象　世界が変わって見える知性のしくみ』（dZERO）二〇一四年
アダム・グラント著、楠木健監訳『GIVE＆TAKE』（三笠書房）二〇一四年
スコット・バリー・カウフマン、キャロリン・グレゴワール著、野中香方子訳『FUTURE　INTELLIGENCE　これからの時代に求められる「クリエイティブ思考」が身につく10の習慣』（大和書房）二〇一八年
スティーブ・スローマン＆フィリップ・ファーンバック著、土方奈美訳『知ってるつもり　無知の科学』（早川書房）二〇一八年
落合陽一著『日本再興戦略』（幻冬舎）二〇一八年
堀江貴文／落合陽一著『10年後の仕事図鑑』（SBクリエイティブ）二〇一八年

【シニアライフ】

檜山敦著『超高齢社会2・0　クラウド時代の働き方革命』（平凡社新書）二〇一七年
若宮正子著『60歳を過ぎると、人生はどんどんおもしろくなります。』（新潮社）二〇一七年
若宮正子著『明日のために、心にたくさん木を育てましょう』（ぴあ）二〇一六年
溝井貴久子著『キクコさんのつぶやき　83歳の私がツイッターで伝えたいこと』（ユサブル）二〇一八年
ミゾイキクコ著『何がいいかなんて終わってみないとわかりません』（KADOKAWA）二〇一六年

【地域社会】

木下斉著『地方創生大全』（東洋経済新報社）二〇一六年
木下斉著『地元がヤバい…と思ったら読む　凡人のための地域再生入門』（ダイヤモンド社）二〇一八年
山崎亮著『コミュニティデザインの時代　自分たちで「まち」をつくる』（中公新書）二〇一二年
山崎亮著『まちの幸福論　コミュニティデザインから考える』（NHK出版）二〇一二年
山崎亮著『縮充する日本　「参加」が創り出す人口減少社会の希望』（PHP新書）二〇一六年
広井良典著『人口減少社会という希望　コミュニティ経済の生成と地球倫理』（朝日新聞出版）二〇一三年
飯田泰之／木下斉／川崎一泰／入山章栄／林直樹／熊谷俊人著『地域再生の失敗学』（光文社新書）二〇一六年
尾畑留美子著『学校蔵の特別授業　佐渡から考える島国ニッポンの未来』（日経BP社）二〇一五年
山内道雄／岩本悠／田中輝美著『未来を変えた島の学校　隠岐島前発　ふるさと再興への挑戦』（岩波書店）二〇一五年
服部晁夫著『地域の未来と子どもの未来　離島教育の実践から』（農山漁村文化協会）一九九二年

著者紹介（文と漫画）

前田康裕（まえだ　やすひろ）

1962 年、熊本県生まれ。熊本大学教育学部美術科卒業。岐阜大学教育学部大学院教育学研究科修了。公立小中学校教諭、熊本大学教育学部附属小学校教諭、熊本市教育センター指導主事、熊本市立向山小学校教頭を経て、2017 年４月より熊本大学教職大学院准教授。『まんがで知る　教師の学び』シリーズ（さくら社）他著書多数。

画：前田菜摘

まんがで知る　未来への学び
これからの社会をつくる学習者たち

2019 年 3 月 10 日　初版発行

著　者　前田康裕
発行者　横山験也
発行所　株式会社さくら社
〒 101-0051　東京都千代田区神田神保町 2-20 ワカヤギビル 507 号
TEL：03-6272-6715 ／ FAX：03-6272-6716
http://www.sakura-sha.jp　郵便振替 00170-2-361913

ブックデザイン　佐藤 博
印刷・製本　株式会社廣済堂

ISBN978-4-908983-25-2　C0037

まんがで知り、解説で納得！

わかりやすく、そして深い大好評シリーズ

前田康裕［著］
いずれもA5判・並製・176頁
定価＝本体1,800円＋税

まんがで知る 教師の学び

これからの学校教育を担うために

教師としての成長を願いつつも日々の忙しさに追われるひかる先生を軸に、ネットに頼りがちな若者教師、働き方の異なる中堅教師たち、校内研究への熱心さがアダとなる研究主任…。彼らが吉良先生と出会い気づきを得て成長する姿を通して学校の「今」を描く。

まんがで知る 教師の学び２

アクティブ・ラーニングとは何か

吉良先生の新たな赴任先は、アクティブ・ラーニング研究開発指定校―。「主体的・対話的で深い学び」とは何か？チーム学校とは？そのために教師は学校のリーダーは何をすべきか……。新学習指導要領の実施を前に、今、教師に必要とされる〈資質・能力〉を解説。

まんがで知る 教師の学び３

学校と社会の幸福論

忙殺される教頭、クレームに怯える若手教員、硬直化した校内研究…そこへ突然の大地震が！ カリキュラム・マネジメントや「働き方改革」が声高に言われる中、ブラックとさえ言われる学校。震災という危機に面した時、教師達を変えたものとは何だったのか？